KB274537

CBS라디오/방송설교(AM837, FM98.1)

5분 메시지가 흐르는

쉼터로의 초대

정 기 환 목사 저

쉼터로의 초대

따끈한 음악 한잔 그리울 때면
정결스레 흐르는 선율을
드리옵니다

따사로이 전율하는 햇살
솔바람 살랑살랑 마음 헤집고

한 줌 詩가 머무는 찻잔엔
그리움 타고 흐르는 곡조 있어

더 이상 아늑할 수 없는
환상의 쉼터로

더 좋을 수 없는
최상의 날에
그대를 초대합니다.

머 리 말

CBS기독교방송과 함께 한 지가 엊그제 같은데 한 주간씩 징검다리를 건너다보니 벌써 해가 바뀌고 어느새 한 여름을 달리고 있습니다.

이제 조금은 다듬어지고 더욱 새로워진 모습 속에 진전된 마음으로 다가설 수 있게 되었으니 어찌나 감사한지… 처음에는 TV에서 〈영혼의 양식〉으로 출발하게 되었는데 지금은 라디오 프로그램에 더욱 깊숙이 정착하게 되었습니다.

그 동안 기도와 격려, 그리고 물질로 후원해 주신 분들을 기억하며 어떻게 하면 조금이라도 보답할 수 있을까를 고민해 보았습니다. 이를 위해 한 해 동안 전파를 타고 방송되었던 설교 내용들을 그대로 퍼 올려서 글바구니에 담았습니다.

일일이 만나 감사를 표할 수 없는 아쉬움이 있기에 여기 설교문에 고마움을 듬뿍 뿌려서 후원하신 모든 분들, 청취하며 한 가족이 되어 주신 분들과 은혜를 나누고자 합니다.

방송시간이 짧아서 압축하여 내용을 전개하기가 어려운 점들이 많았지만 긴 문장 대하기를 힘들어 하는 바쁜 현대인들이 눈으로 글을 듣는다는 마음을 가지기에는 오히려 부담이 적으리라 생각됩니다.

방송의 선율이 시처럼 흐르듯, 함께 마음을 싣고 주님과 더욱 가까워지는 시간들이 되었으면 합니다. 계속 진행되는 방송설교에 늘 동행하여 주시고 아낌없는 간섭이 있으시면 깊이 숙고하여 더욱 성숙된 모습으로 다가 서겠습니다.

언어가 글로 새롭게 거듭나고, 책으로 모양새를 갖출 수 있도록 협조해 주신 출판사의 이명수장로님, 말이 없어도 속을 알아차리고 예쁨을 플러스 해주시는 구본일님, 더위 속에서도 불평 없이 교정을 봐준 그레이스님 그리고 균형 감각을 잃지 않도록 섬세하게 챙겨주는 아내와 점점 어른으로 성장해 가는 아들 현모, 또한 귀여움이 늘씬 풍겨나는 딸 수정이, 아울러 쉬지 않고 기도로 밑거름이 되어 힘을 복 돋아 주는 전원중앙교회의 성도님들과 기쁨을 공유하고자 합니다.

지금까지 거룩한 부담을 안겨 주시면서도 즐거움 속에 무난한 여정이 되도록 이끌어 주신 주님께 모든 영광을 돌리며….

평화롭고 양지바른 잔디정원,
그리고
넉넉함을 제공하는 쉼터의 벤치에서

藝石 정기환 목사

차 례

벤취의 상념

한여름 떼약 볕에 벤취는 늘어지고
풀벌레 다람쥐 오두막에 자는구나
늘어진 이내몸 어데 기댈꼬
하품진 나뭇잎에 친구 하려오
아서라 午睡란다 간섭 말아라

조약돌 호수 던져 잠을 깨울까
열기 섞인 숨소리로 뛰어들까나
가거라 떠나거라 어데로든지
늘어져 생각 없이 숨어있어라

바람 부는 석양은 언제 오려나
호숫가 동그라미 황금반지 만들고
쪽빛 하늘 별빛 받아 금면류관 만들고
은하수 다리건너 언덕 이르면
가져온 모든 선물 드려야하지.

잃은 것 같으나

제자 중 하나 곧 시몬 베드로의 형제 안드레가 예수께 여짜오되 여기 한 아이가 있어 보리떡 다섯개와 물고기 두 마리를 가지고 있나이다 그러나 그것이 이 많은 사람에게 얼마나 되겠사옵나이까 예수께서 이르시되 이 사람들로 앉게 하라 하시니 그 곳에 잔디가 많은지라 사람들이 앉으니 수가 오천 명쯤 되더라 예수께서 떡을 가져 축사하신 후에 앉아 있는 자들에게 나눠 주시고 물고기도 그렇게 그들의 원대로 주시니라 그들이 배부른 후에 예수께서 제자들에게 이르시되 남은 조각을 거두고 버리는 것이 없게 하라 하시므로 이에 거두니 보리떡 다섯 개로 먹고 남은 조각이 열두 바구니에 찼더라

이 시간은 〈잃은 것 같으나…〉라는 제목으로 잠시 은혜를 나누고
자 합니다.

성경을 읽으면서도 비판하기를 좋아하는 로마의 한 황제가 있었습니
다. 어느 날 새로운 것을 발견한 것처럼 신바람이 나서 랍비의 집에 들
렀습니다. 랍비에게 말하기를 "하나님은 도둑이오~. 남자가 자고 있을
때 어째서 남자의 허락도 받지 않고 갈빗대를 훔쳐갔소?"하고 의기양양
하게 물었습니다.
랍비가 잠깐 당황할 때 바로 옆에 있던 랍비의 딸이 참견을 했습니다.
"폐하~ 부하 한 분만 잠깐 빌려 주실 수 있는지요? 갑작스레 생긴 문
제를 조사하려 합니다."
황제가 말합니다.
"그거야 어렵지 않지. 근데 그 문제란게 무언가?"
"예, 어젯밤 도둑이 들어 왔는데 집에 있는 금고 하나를 훔쳐갔습니
다. 그런데 그 대신 커다란 금 그릇을 남겨 두고 갔습니다. 어째서 그랬
는지 조사해 보고 싶습니다."
황제가 말하기를
"그런 도둑이라면 내게도 들르라고 하거라. 손해 볼게 없어 보이지 않
느냐?"
그러자 랍비의 딸이 얼른 말을 받습니다.
"그러실겁니다. 그것은 아담의 몸에 일어난 일과 같지 않습니까? 하
나님께서는 갈빗대 하나를 가져가셨지만, 이 세상에 여자를 남기신 겁
니다."

우리는 살아가다 보면 무언가 잃어버린 것만 같은 때를 종종 만납니다. 그런데 잘 살펴보면 더 큰 것들이 남겨져 있음을 깨닫게 됩니다.

아담의 경우 갈빗대 하나를 잃어버렸으니 손해를 본 것이겠습니까? 그에겐 아름다운 배필이 생겼을 뿐 아니라, 그 후손도 줄줄이 얻을 수 있는 엄청난 큰 것을 얻은 것입니다.

제가 하나님의 부름을 받았을 때 제일 먼저 잃은 것은 건강이었습니다. 세상 일이란 아무 것도 할 수 없을 정도로 나약해져버렸고, 늘 죽음이란 문턱에서 싸움을 해야 했던 기억이 있습니다.

건강의 모든 것을 잃고 다 끝난 줄 알았습니다. 그런데 그 시절에 인생을 다시 생각하게 됐고, 무엇보다도 하나님과 적극적으로 가까워지는 축복을 받았습니다.

잃은 것 같으나 실제는 너무나 큰 것을 얻는 시간들이었습니다. 그러한 잃음이란게 없으면 주님을 향한 발걸음이 재촉되지 않으니 주님은 그런 방법을 쓰신 것입니다.

한번은 벳세다 늘녘에서 주님께서 하나님 나라를 선포하고 계셨습니다.

날이 저물었습니다. 찾아온 많은 사람들이 허기져 있었습니다. 제자들은 그 많은 사람들의 허기를 달래줄 방법을 찾을 수가 없었고, 준비해 온 것도 없었습니다.

그때 주님께서는 한 어린이가 가져온 보리떡 다섯 개와 물고기 두 마리를 축사하신 후에 나누어 주니, 그들이 배부르게 먹고도 남은 조각으로 열두 바구니를 채웠습니다.

먹은 사람이 여자와 어린이 외에 오천명이나 되었다 라고 기록하고 있습니다. 그 소년은 자신이 가져온 떡 다섯 덩이와 물고기 두 마리를 처음에는 잃었다고 볼 수도 있을 것입니다.

그러나 자세히 살펴보면 잃은 것이 아니라 그 자신도 그 이상 넘치도록 먹었을 뿐만 아니라, 함께한 이웃 사람들에게도 풍성하고 넉넉함을 제공했습니다.

삶의 요소 속에서 우린 잃는 것 같을 때가 많습니다.

건강이든, 경제적이든, 어떤 것이든 잃은 것 같았을 때에 그 문제를 놓고 더욱 깊이 있는 기도를 해 보십시오.

그 속에 더 좋은 것을 예비하시는 주님의 손길을 느끼게 되실 것입니다. 부정적 마음을 씻어내고 접근하다 보면 자신이 상상하지 못한 숨은 비밀을 발견하고, 아름다운 충격을 경험하게 되실 것입니다.

바울도 건강을 잃어버린 상태에서 너무 괴로워 세 번씩이나 간절한 기도를 합니다. 그는 그가 원했던 치유의 선물보다 더 큰 선물을 받습니다.

고전 12:9 "내 은혜가 네게 족하도다 이는 내 능력이 약한데서 온전하여 짐이라"

작은 것을 잃은 것 같지만, 더 큰 것을 받아 누리시는 모두가 되시기를 주님의 이름으로 축원합니다.

기회를 놓치지 마라

본문 : 에베소서 5:15~18

그런즉 너희가 어떻게 행할지를 자세히 주의 하여 지혜 없는 자 같이 하지 말고 오직 지혜 있는 자 같이 하여 세월을 아끼라 때가 악하니라 그러므로 어리석은 자가 되지 말고 오직 주의 뜻이 무엇인가 이해하라 술 취하지 말라 이는 방탕한 것이니 오직 성령으로 충만함을 받으라

이 시간은 〈기회를 놓치지 마라〉라는 제목으로 잠시 은혜를 나누
고자 합니다.

자동차 면허시험 볼 때의 이야기입니다. 처음 가지고 있었던 면허는
2종 보통 면허였었습니다.

9인승까지 밖에 운행을 할 수가 없기 때문에 불편하기 이를데 없어서
1종으로 바꿀 심산으로 면허시험에 응하기로 했습니다.

그런데 10여년 동안 무사고 운전을 한 나름대로는 베테랑임에도 불구
하고, 시험을 보기만 하면 그냥 떨어지고 마는 겁니다.

그래도 그럴 수도 있지… 하는 넉넉한 마음으로 응하기로 했습니다.
그런데 두 번째도 떨어지고, 세 번째도 역시

"몇 번차 불합격! 빨리 내려오세요!"

네 번째쯤 볼 때는 수입인지를 붙일 자리가 없어서 페이지를 바꿔야
했습니다.

뭐 노래 가사 읊듯 되는 겁니다.

"한 번보고 두 번 보고~ 자꾸만 떨어지는 겁니다"

여러 번 떨어지는 중에 교통 법규를 가만히 들여다보다가 깜짝 놀라
게 하는 게 눈에 들어와요.

〈2종면허로 10년 무사고면, 1종으로 바꿀 때 시험은 면제고 적성검사
만 보면 된다〉 이런 조항이 있는 겁니다.

아이쿠~ 세상에!! 이런 사실이 있었음을 일찍이 알았으면 시험볼 필
요도 없고 서류로 신청만 하면 되는 건데…

쓸데 없이 시간 낭비하고, 돈 낭비하고, 자존심 상하고, 두루 두루 손

해 본게 한 두 가지가 아닌 겁니다.

그러면서 은근히 화가 나는 것은 면허시험장에서 일하는 사람들은 이런 조항쯤은 이미 알고 있었을 게 아닌가 하는 겁니다.

그러다면 "아저씨 그렇게 자꾸 시험봐서 떨어지지 마시고 이런 조항이 있습니다." 라는 한 마디만 해 주었으면 됐을 것을 누구도 아무 말도 안 해주고 있었다는게 도저히 이해가 가질 않았습니다.

다시 찾아 가서 물었습니다. "이런 조항이 있던데 맞습니까?" "네!"

그 싱거운 대답에 어이가 없었고 어안이 벙벙하기 까지 했습니다.

단 한마디 "이런 조항이 있어요" 그 말을 해 주는 사람이 그 많은 직원들 중에 단 한 명이 없었습니다.

우리가 살아가는 세상에서 비슷한 경우가 매우 많습니다. 단 한 마디만 전하면 쓸데없는 수고가 없어도 될 일들이 말입니다.

오늘도 이 세상에서 인생에 대해 고민하는 분들, 어디에서 왔다가 어디로 가는지 조차 모르고 사는 사람들이 너무나도 많음을 우리는 알고 있습니다.

그런데 중요한 것은 우리는 그 해답을 갖고 있다는 사실입니다.

주변의 수많은 사람들은 지금도 소망없는 인생을 살아가며 허덕이고 있습니다.

그들이 당연히 알고 있으리라 생각하지 마십시오.

당연히 그 해답의 이야기를 들었으리란 선입견도 지워버려야 합니다.

면허시험장의 저들도 당연히 그 정도야 알고 있겠지 했을 겁니다. 그러나 나는 4번보다 더 많이 떨어질 수 있는 여백을 갖고 있었습니다. 주님은 요한복음 14장 6절을 통하여 말씀하십니다.

"예수께서 이르시되 내가 곧 길이요 진리요 생명이니 나로 말미암지 않고는 아버지께로 올 자가 없느니라"

수없이 설교를 듣고, 읽고, 묵상했던 이 보화의 말씀을 혼자만 지니고 계시겠습니까?

엡5:16절을 통하여 다시 말씀하십니다.

"세월을 아끼라 때가 악하니라"

여기에서 "세월을 아끼라"라는 말씀은 원어적으로 볼때 "기회를 사라"입니다. 즉 기회를 놓치지 말라 입니다. 하나님이 주신 기회는 우리가 살아 있을 때에만 가능합니다.

그 좋은 보화의 말씀을 홀로 침묵하며 독식할게 아니라,

아직도 귀에 담지 못하여 허덕이는 이웃에게 나눌 수 있기를 원합니다.

지금도 목적 없이 방황하는 영혼들은 멀리에 있는 것이 아니라 바로 옆에서 허덕이고 있습니다.

인생을 낙방하고 있는 저들에게 담대히 전할 수 있는 우리 모두가 되시기를 주님의 이름으로 부탁드립니다.

익어가는 인생

내가 내 손을 애굽 위에 펴서 이스라엘 자손을 그 땅에서 인도하여 낼 때에야 애굽 사람이 나를 여호와인 줄 알리라 하시매 모세와 아론이 여호와께서 자기들에게 명령하신 대로 행하였더라 그들이 바로에게 말할 때에 모세는 팔십 세였고 아론은 팔십삼 세였더라

〈익어가는 인생〉이라는 주제로 함께 은혜를 나누고자 합니다.

어느 임금이 병이 들었습니다. 희귀병이어서 암사자의 젖을 먹으면 낫는다는 처방을 받습니다. 어느 부지런하고 머리 좋은 남자가 어려움을 극복하고 이일을 해낼 수 있었습니다. 이 사람이 사자의 젖을 가지고 궁궐에 들어오는 중-꿈을 꾸었는데, 몸의 각 부분이 서로 다투고 있는 겁니다.

발은 얘기하기를 만일 내가 없었더라면 사자있는 곳까지 갈 수 없었을 것이라 하여 자기가 제일이라 주장하고, 눈은 보이지 않았다면 그 장소까지 갔겠느냐 따지고, 심장은 내가 없었다면 도저히 불가능했을 것이라는 등등입니다.

그런데 불쑥 혀가 주장합니다. "내 말이 없었다면 너희들은 아무 것도 못했을 것이다"라고 하자 몸의 각 부분이 화를 내며 덤벼듭니다. "뼈도 없는 주제에, 아주 쓸모없는 쪼그만 것이 건방진 소리를 한다" 꾸짖어댑니다. 혀는 화가 났지만 힘이 없으니 어쩔 수 없이 잠잠해 질 수 밖에 없었습니다. 이럭저럭 궁궐에 도착했습니다. 임금님이 묻습니다. "이젖이 무슨 젖이냐?" 묻자 남자는 갑자기 "이것은 돼지 젖입니다"라고 외쳤습니다.

혀가 엉뚱한 말을 해댄 겁니다. 앞서서 혀를 꾸짖었던 몸의 각 부분들이 깜짝 놀랐습니다. "사자 젖을 돼지 젖이라 말했으니 이젠 우리 다 죽게 됐구나"하며 당황하다가, 혀가 얼마나 중요한가를 알고 잘못을 사과했습니다.

혀는 뼈도 없고 자그마하고 볼품도 없이 감추어진 신체의 한 부분이지만 온 몸을 움직이는 중요한 역할을 합니다.

잠25:15절에서는 "부드러운 혀는 **뼈를 꺽느니라**" 말씀하십니다.
잠18:21 **"죽고 사는 것이 혀의 힘에 달렸나니…"** 라고 말씀하십니다.
우리의 한 마디 말은 사람들에게 막대한 영향을 미치고 있는 것을 알 수 있습니다. 오늘 이 시간에는 한 언어를 바꾸어 봄으로써 새로운 힘을 얻기를 원합니다.

세월이 가면 우리는 이렇게 말을 합니다. **"점점 늙어가고 있다"**라고 말입니다. 아닌게 아니라 거울을 보면 얼굴엔 주름이지고, 힘이 빠져가고 있으니 늙어간다는 말이 틀리는 것 같지는 않습니다. 그러나 이 말은 우리에게 힘을 주는 말이 아니라 자칫하면 실망이란 단어에 접근하게 만들어 줍니다.
우리는 세월이 갈수록 늙어가고 있는게 아니라 익어가고 있다는 말로 바꾸어 보시기 바랍니다. 무인가 새로움을 느낄 수 있게 될 것입니다. 익어간다는 것은 세월이 갈수록 좋아짐을 의미합니다.
실제적으로 우리는 늙어가는 것이 아니라 익어간다는 말이 더욱 맞습니다. 세월이 갈 수록 세상의 많은 경험을 담아가며 넉넉하고 풍성하게 익어가고 있는 것입니다. 더욱이 감사한 것은 하나님은 익어가는 사람을 사용하고 계시다는 사실입니다.

우리는 모세의 일생에 대하여 잘 알고 있습니다. 그는 40세가 되어서 자기민족을 구하기 위해 나섭니다. 정말로 세상눈으로 보면 일하기 제일 좋은 나이쯤으로 보입니다. 지칠 줄 모르는 정력으로 돌진해 볼만한 때인데, 사실상 그는 혈기를 다스리지 못하고 살인자가 되어 광야로 도피해야하는 과정을 겪게 됩니다. 아직 인생이 익지 않고 푸릇푸릇하기 때문입니다.

그가 적극적으로 쓰임받기 시작한 것은 80세가 된 바로 – 인생이 넉넉하게 익었을 때입니다.

우리는 늙어가는게 아니라 익어가고 있습니다. 거울에 비치는 모습에서 흰머리 카락을 발견하며 힘을 잃을 것이 아니라 익어가는 모습 속에서 자부심을 가지시기 바랍니다. 주님은 그런 때에 적극적으로 쓰시기를 원하고 계실 것입니다.

오늘도 익어가는 넉넉한 삶이 되시기를 주님의 이름으로 축원합니다.

하나님의 숨겨진 축복

본문 : 로마서 8:28

우리가 알거니와 하나님을 사랑하는 자 곧 그의 뜻대로 부르심
을 입은 자들에게는 모든 것이 합력하여 선을 이루느니라

〈하나님의 숨겨진 축복〉이라는 주제로 잠시 은혜를 나누고자 합니다.

제가 해외에 나갈 때 가끔씩 묵는 홀리데이 인 호텔이 있습니다.

이 호텔을 일구어낸 사람은 윌리스 존슨인데, 그는 원래 조그마한 제재소에서 일하던 목공이었습니다. 그런데 그가 마흔 살 때 직장에서 정리해고를 당합니다.

그때는 최악의 불황이었고, 취직은 쉽지 않은 때였습니다. 그러나 그는 절망적 위기에 처할 형편임에도 용기를 잃지 않았습니다.

"이제부터 새로운 인생이 열린다. 새롭게 건축사업을 시작해보자."

그의 재능이 활짝 꽃을 피우기 시작했고, 사업을 확장해서 호텔을 건축하기 시작했습니다.

현재에는 수 백개의 체인을 갖고 있지요.

그는 회고하면서 말합니다. "나를 정리해고한 사람에게 감사한다. 그날의 고통이 축복의 관문이었다."

위기는 기회' 이자, 희망은 항상 용기 있는 사람의 편입니다.

당장의 어려움이 생기면 많은 사람들이 좌절하는 것을 보게 됩니다. 그러나 하나님은 오히려 전화위복시키시려는 계획을 가지고 계신 경우가 많습니다.

제 목회의 시작은 천막교회였습니다. 주변 환경도 좋지 않았지만 특히 몸이 연약해서 제대로 일을 하기가 어려웠습니다. 버스타고 몇 정류장 가기도 힘들어 허덕거렸거든요.

겨울이 다가오고 있을 때였습니다. 하루는 제가 섬기는 교회에 가끔씩 드나들던 이웃교회 전도사님이 찾아왔습니다.

아마도 겨울이 다가오니 땔감이 걱정 되었던 모양이었습니다.

"전도사님, 좋은 소식이 있는데요, 제가 사는 옆집이 새로 집을 지으려고 헐고 있어요"

"그런데 그게 우리랑 무슨 상관이지요?"

"근데 그 허무는 집이 목조 건물이거든요. 그걸 가져가도 되느냐고 했더니 허락한 겁니다.

그 집 나무만 가져오면 겨울을 나는 데는 문제없을 것 같아서요"

생각할 겨를도 없이 철거한 나무들을 하나 둘씩 밤늦게 까지 날라다 놓으니까, 천막교회 사방을 가득 메웠습니다.

천막이 지붕만 보이는 형태가 돼 버렸습니다.

문제는 나무를 난로 속에 집어넣으려면 토막을 내야 하는데 그걸 해낼 사람이 아무도 없었습니다.

생각에는 연탄 얼마만 있으면 편하게 거울을 날 수 있을 텐데, 왜 그렇게 궁상을 떨어야 되는 건지…하는 생각이 들기도 했습니다.

할 수 없이 하루 일과 중의 시간을 들여서 톱질을 하고, 도끼질을 하게 되었습니다. 사실 톱질이라는 게 만만한 게 아닙니다.

전기톱도 없었고, 그렇다고 흥부네처럼 슬금 슬금 할 수 있는 것도 아닙니다. 그런데 이 장작패는 일을 함으로 밥맛이 돌게 되고, 몸이 점점 회복되는 역사가 일어나기 시작했습니다.

놀라웁게도 겨울이 지나고 봄의 문턱에 설 때에는, 건강한 육신을 소유하게 되었습니다.

우리가 살아가다 보면 당장 닥치는 일들 중에는 이해할 수 없는 어려움들이 다가오는 것을 종종 경험합니다. 그리고 내게만 다가오는 어려움처럼 보이기도 합니다. 조금만 도움을 받으면 될터인데 비천에 처하게 만드는 것처럼 보일 때도 있을 것입니다.

외적인 모습만 바라보면 그렇습니다.

그러나 그 속을 가만히 들여다보면 〈하나님의 숨겨진 놀라운 축복〉이 있다는 사실을 놓치지 마십시오.

주님은 사랑하는 우리들에게 더욱 좋은 일들을 이루시기 위하여 주시는 선물인 경우가 대부분입니다.

불평의 안경을 쓰면 보이지 않지만, 선하신 주님의 간섭하심을 믿고 다가서면 〈아 ~ 그래서 였구나!〉 하고 무릎을 치게 될 것입니다.

주님은 로마서 8:28절을 통하여 말씀하십니다.

"우리가 알거니와 하나님을 사랑하는 자 곧 그 뜻대로 부르심을 입은 자들에게는 모든 것이 합력하여 선을 이루느니라"

매일 같이 이루어지는 일들 속에서 주님의 선하신 뜻을 발견하고 기쁨을 회복하시는 모두가 되시기를 주님의 이름으로 축원합니다.

시가 흐르는 여름휴가

여호와 우리 주여 주의 이름이 온 땅에 어찌 그리 아름다운 지요 주의 영광이 하늘을 덮었나이다 주의 대적으로 말미암아 어린 아이들과 젖먹이들의 입으로 권능을 세우심이여 이는 원수들과 보복자들을 잠잠하게 하려 하심이니이다 주의 손가락으로 만드신 주의 하늘과 주께서 베풀어 두신 달과 별들을 내가 보오니 사람이 무엇이기에 주께서 그를 생각하시며 인자가 무엇이기에 주께서 그를 돌보시나이까 그를 하나님보다 조금 못하게 하시고 영화와 존귀로 관을 씌우셨나이다 주의 손으로 만드신 것을 다스리게 하시고 만물을 그의 발 아래 두셨으니 곧 모든 소와 양과 들짐승이며 공중의 새와 바디의 물고기와 바닷길에 다니는 것이니이다 여호와 우리 주여 주의 이름이 온 땅에 어찌 그리 아름다운지요 밖으로 나가는 좋은 계절이기에 시편8:1-9절 말씀을 중심으로 〈시가 흐르는 여름휴가〉라는 제목으로 잠시 은혜를 나누고자 합니다.

오늘의 장면은 〈영장으로 깃딧에 맞춘 노래〉라고 표기합니다.

영장에 대하여 조금 쉽게 풀어보면 〈인도자를 따라〉입니다.

아마도 성가대가 찬양할 수 있도록 뽑은 시들로, 시편에 55회 등장하고, 하박국 3:19절에도 등장하고 있습니다.

깃딧은 시8, 81, 84편에 등장합니다.

수금과 유사한 악기로 멜로디나 음조가 흥겹게 부를 수 있는 노래에 맞추어 연주되곤 합니다.

따라서 오늘 시편 8편은 성전의 음악으로 흥겨운 운율에 맞추어지는 자연 시와 조화를 이루고 있는 구절이라 할 수 있겠습니다.

이 구절들을 보시면서 무더운 여름의 중심에서 주님을 아름답게 찬양하시는 시간이 되시기를 원합니다.

하나님은 자신의 존재에 대하여 여러 가지 방법으로 계시를 해주고 계신데, 그중 대표적인 것이 지으신 우주 만물을 통하여 자신의 존재를 알려 주십니다.

롬1:20 "창세로부터 그의 보이지 아니하는 것들 곧 그의 영원하신 능력과 신성이 그 만드신 만물에 분명히 보여 알게 되나니…"

자연과 함께 하시는 휴가의 시간들 속에서 그 분이 지으신 그 오묘한 작품들을 바라보며 가슴을 활짝 열어보시기 바랍니다.

도시생활에서 땅만 보고 거닐 던 시야를 하늘 향하여 마음껏 바라보며, 수 없이 반짝이는 별들 속에서도 주님의 솜씨를 찾아내시는 시간들이 되었으면 합니다.

아마도 저절로 코에서 이미 흥겨운 찬양이 흐르고 있으리라 믿어 의심치 않습니다.

별을 한 줌 따서 그 동안 거리감이 있었던 자녀들에게 한 움큼씩 꿈을 담아 드릴 수 있는 기회이기도 할 것입니다.

주님은 또한 영원을 사모하는 마음을 주심으로 이생이 전부가 아님을 마음 깊은 곳으로부터 우러 나오도록 하셨습니다.

전3:11 "하나님이 모든 것을 지으시되 때를 따라 아름답게 하셨고 또 사람에게 영원을 사모하는 마음을 주셨느니라"

아무리 자연 만물이 아름답고 좋아도 짧은 이 세상이 전부라면 허탈하기 이를 데 없고, 마음을 어디에 두어야 할지 고민하게 될 것입니다.

그러나 주님은 영원한 세계를 이미 예비하고 계십니다.

그 세계에 대하여 사모할 수 있는 근본적인 마음을 안겨 주셨으니 얼마나 감사한지요…

그리고 무엇보다도 가장 안정적으로 확실하게 주님을 알 수 있는 선물을 우리에게 주셨다는데 또한 감격하지 않을 수가 없습니다. 바로 성경입니다.

휴식처의 한 모퉁이에서 함께 모이는 자리를 통하여 나눌 수 있는 성경 말씀의 은혜는 휴식의 기간을 진정 알곡으로 가득하게 해

주실 것입니다.

딤후3:16 "모든 성경은 하나님의 감동으로 된 것으로 교훈과 책망과 바르게 함과 의로 교육하기에 유익하니… "

하나님의 감동의 역사에 동참하여 함께하는 여름은 감추어진 또 다른 무지개를 발견하시는 시간들이 되실 것입니다.

계곡에 머물든, 바닷가에 자리를 잡았든, 나그네 되어 해외로 탈출을 하였든 오늘 시편 8편 1절 말씀이 저절로 읊어지는 흥겨운 시간들이 되시기를 소망합니다.

"여호와 우리 주여 주의 이름이 온 땅에 어찌 그리 아름다운지요 주의 영광이 하늘을 덮었나이다."

여기에서 멈추시겠습니까?

"주의 손가락으로 만드신 주의 하늘과 주께서 베풀어 두신 달과 별들을 내가 보오니 사람이 무엇이기에 주께서 그를 생각하시며 인자가 무엇이기에 주께서 그를 돌보시나이까"

여름 휴식기간을 통하여, 멋들어진 세상을 바라보는 시야를 가리던 것들을 모두 걷어내시고,

시 한편씩 담아 오시는 여름의 휴가기간들이 되시기를 주님의 이름으로 축원합니다.

8월의 시와 함께

구두 속의 돌멩이

내가
가시 밭 길을 걷고 있을 때
그대는
동정의 눈빛을 보내었고

내가
피투성이가 되었을 때
그대는
함께 울먹여 주었었다

내가
무거운 짐을 지고 갈 때
그대는
한 숨 어린 애깃거릴 만들었고

내가
그 짐에 깔려 신음할 때
그대는
그래도 내 손을 잡아 주었었다

그러나
아무 일 없는 것처럼 되어서
내가
고통의 호소 속에 얼굴을 찌프릴 때마다
그대는
나를 책망하였고

내가
좌절의 비명에 좌초될 때마다
그대는
나를 비난했었다

그대 사랑하는 자여 !
그대는
내 발자욱 마다에 괴롭히는
벗을 수 없는
그 구두 속의 돌멩이를 아는가
그 모난 돌멩이를 …

그래도
그대가 나를 사랑한다면
아무도 보지 못하는
그 자욱 속의 돌멩이까지도
보았어야 했었다

감사생활

항상 기뻐하라 쉬지 말고 기도하라 범사에 감사하라 이것이
그리스도 예수 안에서 너희를 향하신 하나님의 뜻이니라

어느 뜨거운 여름에 햇살을 받으며 일하던 한 농부가 호두나무 그늘에 앉아 쉬게 되었습니다. 그때 농부는 호박 넝쿨에 달린 아주 큼직한 한 개의 호박을 보고는 다음과 같이 투덜댔습니다.

"하나님도 참 불공평하시지. 왜 무겁고 큰 호박은 저렇게 얇은 줄기에 열리게 하시고, 저렇게 조그만 호두는 튼튼한 나뭇가지에 열리게 하셨을까? 참 이해가 안 된다니까…"

일에 피곤했던 농부는 이런 말을 하며 앉아 있다가, 자기도 모르게 스르르 잠이 들고 말았습니다. 그런데 그때 갑자기 호두열매 하나가 떨어지면서 농부의 이마를 때렸습니다.

호두열매에 맞아서 깜짝 놀라 깨어난 농부는 이마를 쓰다듬으며 이렇게 말했습니다.

"어이쿠 하나님, 호박은 땅에 닿을 듯 열리게 만드시고,

작은 호두는 높은 데 열리게 하시니 참 감사합니다.

만일 저 큰 호박이 높은데 열리게 하셔서 그게 제 머리에 떨어졌다면 제 머리가 어떻게 되었겠습니까?"

참으로 "간사한 게 인간이지요." 조금 형편이 안 좋으면 금방 불평합니다. 또 형편이 나아지기 시작하면 언제 그랬냐는 듯, 목에 힘이 들어가는게 우리들이 아닌가 싶습니다.

오늘의 주제는 〈감사생활〉입니다. 살전5:18에서 하나님은 **"범사에 감사하라."**말씀하십니다.

즉 **"어떤 상황이든 감사하라."**는 것입니다.

그렇다면 우리가 구체적으로 "무엇을" 감사해야 합니까?

첫째로 **범사가 다 감사할 제목입니다.**

우리가 인생에서 만나게 되는 모든 문제 거리는 걱정할 문제가 아니고 오히려 기도할 제목이라는 것입니다.

그렇다면 왜 감사해야 하겠습니까? 사는 조건이 좀 나아져서요? 아닙니다. 하나님의 은혜 때문에 감사해야 하는 것입니다. 사실 하나님의 은혜 없이는 한 순간도 살 수 없는 것이 우리들입니다.

그렇다면 두 번째로 이제 우리가 "언제" 감사해야 합니까?

어려운 때가 바로 감사의 때입니다.

요한복음 11장에 보면 죽은 나사로를 살리신 예수님의 기적이 나옵니다.

본문을 잘 읽어 보면, 예수님은 나사로가 살아난 다음에 감사하신 것이 아니라, 오히려 나사로가 죽었다고 하면서 모든 사람이 낙심하고 있을 때 감사의 기도를 드리셨습니다.

요한복음 11장 41절입니다.

"돌을 옮겨 놓으니 예수께서 눈을 들어 우러러 보시고 이르시되 아버지여 내 말 들으신 것을 감사하나이다.

43절에서 "이 말씀을 하시고 큰 소리로 나사로야 나오라 부르시니…" 그때 나사로가 살아났습니다.

여러분, 여기서 감사의 시점을 잘 보시기 바랍니다.

예수님은 모든 것이 해결된 다음에 감사하신 것이 아닙니다.

오히려 절망의 때에 감사했더니, 그 감사가 기적을 일으켰다는 사실입니다.

현재의 난관은 잘 보면 축복으로 통하는 문이 될 수 있는 것입니다. 또한 **우리는 감사가 습관이 될 때까지 감사해야 합니다.**

이런 이야기가 있습니다. 시저가 사냥을 나가려고 하는데 날씨가 좋지 않았습니다.

기분이 몹시 상한 시저는 모든 부하들에게 하늘을 향해 화살을 쏘라는 명령을 내렸습니다.

사냥을 재미있게 하려고 여기까지 왔는데, 자기를 무시하고 비가 오니 하늘을 향해 화살을 쏘는 것은 당연하다는 것이었습니다.

그런데 그들이 쏜 화살은 정작 하늘까지 미치지도 못하고,

결국 되돌아 떨어져서 부하들 중에 많은 사상자들이 생겼습니다.

그렇습니다. 감사하지 못하는 마음, 불평하는 마음은 하나님께 화살을 쏘는 것과 같습니다.

그렇게 쏘아올린 화살은 이내 자신의 머리에 떨어져서 다른 사람이 아닌 바로 내가 다치는 것입니다.

원하옵기는 이 더운 계절에 불평의 먼지를 훌훌 털어 내시고, 감사가 습관이 되어 범사에 승리하는 성도님들이 되시기를 주님의 이름으로 축원합니다.

자신의 발견

본문 : 에베소서 2:10

우리는 그가 만드신 바라 그리스도 예수 안에서 선한 일을 위하여 지으심을 받은 자니 이 일은 하나님이 전에 예비하사 우리로 그 가운데서 행하게 하려 하심이니라

이 시간은 〈자신의 발견〉이란 제목으로 잠시 은혜를 나누고자 합니다.

20여 년 전에 아프리카 케냐를 방문한 적이 있습니다.

환영의식으로 화동이 나와서 꽃다발을 하나 선물해 주었습니다.

저를 소개하는 중에 원주민 선교사가 갑자기 엉뚱한 질문을 하던 것이 떠오릅니다.

"목사님, 이 꽃이 무슨 색깔이지요?"

"빨간색요"

"그럼 이 꽃은요?"

"노랑이지요"

"그럼 다른 꽃은요?"

"파랑이네요"

무슨 테스트를 하는가 하는 마음이 들려는 순간, 그 분은 손뼉을 치며 크게 외치는 것이었습니다.

"맞습니다! 그런데 목사님, 만약에 이 꽃 다발이 한가지 색깔로 되었다면, 이렇게 여러 색으로 된 것 하고 어느 것이 더 아름답다고 생각하시나요?"

"그야 당연히 여러 색이 섞여 있는 것이겠지요."

"그렇습니다! 우리 인간도 비슷하지요. 목사님은 Yellow 칼라, 우리는 검은 색, 그리고 어떤이들은 하얀색으로 하나님은 창조하셨습니다. 하나님의 다양성 속에서 우리는 검게 탄생한 것을 기쁘게 생각합니다. 세상을 아름답게 하는데 일익을 담당하니 얼마나 좋은지 모르겠습니다.

이제 동방의 끝, 한국에서 오신 목사님을 소개합니다~ "

저는 당시 설교 전에 충격을 받았습니다.

대부분 흑인들은 외모에 대하여 열등의식에 사로잡혀 있는 것으로 알고 있었는데, 자신의 검은색이 축복이라고 외치는 경우는 처음 보았기 때문입니다. 그 목소리가 세월이 지난 지금에도 간간히 들려올 때가 있습니다.

잠시 우리들의 모습을 바라보시길 원합니다. 검지도 않고 하얗지도 않은 중간선에서 거부감 없이 박수를 받으며 살아갈 수 있는 우리들이기도 합니다. 그런데 유감스럽게도 오늘의 현실을 바라보면, 그 축복의 아름다움을 제대로 이해하지 못하는 경우가 적지 않은 것 같습니다.

특히 자신의 외형적 모습에 대하여 그렇습니다. 키가 크든 작든 그렇습니다. 얼굴이 크든 작든 그렇습니다. 나 자신의 현재 모습은 지구상 60억이 넘는 인구 가운데 유일한 하나라는 것을 생각하면, 큰 자부심이 있어야 할 것입니다. 그럼에도 아름다움의 기준을 하나의 모델에 맞추려 애쓰고 있습니다.

그렇게 하다보면 만족이 있을 수 없을 것입니다. 하나님의 다양성을 인정함이 아름다움의 발견에 한 걸음 다가서게 해 줍니다.

좋은 날 축하의 선물로 안겨주는 꽃다발을 보십시오.

작은 안개꽃으로부터 큰 백합화에 이르기까지 여러 모양으로 섞여 있어서 더욱 멋진 모습으로 탄생하는 것을 말입니다. 자신들의 부족한 모습이 도리어 세상의 아름다움을 창출하는 밑거름이 될 수 있습니다.

　나 자신의 이런 모습이 있기에 세상은 더욱 멋지고, 다양하고, 아름다운 조화를 이루고 있는 것입니다.
　남들이 까만 모습을 경멸할 때에도 주님의 그 숨은 뜻을 발견하고 기뻐하던 흑인처럼, 나의 현재의 모습을 다시 발견하는 시간이 되었으면 합니다.
　하나님은 창세기에서 첫째 날로부터 다섯째 날까지 여러 만물을 창조하시고 말씀하십니다. **보시기에 좋았더라**입니다. 그리고 여섯째 날에는 남자와 여자를 창조하시고 축복하신 후, **창세기 1장 마지막 절**을 통하여 말씀하십니다.

"하나님이 지으신 그 모든 것을 보시니 보시기에 심히 좋았더라"

　우리는 하나님이 보시기에 심히 좋은 존재들입니다.
　나에겐 이 모습이 가장 적절하기에 그렇게 만드셨고, 또한 그 모양을 따라 쓰임받기를 원하고 계십니다.
　자신의 모습 속에서 새로움을 발견하시고 자신 있게, 그리고 자부심을 가지고, 감사하며 삶을 영위해 가시기를 원합니다.

야곱의 축복

라반이 그에게 이르되 여호와께서 너로 말미암아 내게 복 주신 줄을 내가 깨달았노니 네가 나를 사랑스럽게 여기거든 그대로 있으라 또 이르되 네 품삯을 정하라 내가 그것을 주리라 야곱이 그에게 이르되 내가 어떻게 외삼촌을 섬겼는지, 어떻게 외삼촌의 가축을 쳤는지 외삼촌이 아시나이다 내가 오기 전에는 외삼촌의 소유가 적더니 번성하여 떼를 이루었으니 내 발이 이르는 곳마다 여호와께서 외삼촌에게 복을 주셨나이다 그러나 나는 언제나 내 집을 세우리이까 라반이 이르되 내가 무엇으로 네게 주랴 야곱이 이르되 외삼촌께서 내게 아무것도 주시지 않아도 나를 위하여 이 일을 행하시면 내가 다시 외삼촌의 양 떼를 먹이고 지키리이다

이 시간에는 **창세기 30:27~31절**까지의 말씀을 중심으로,
야곱이 어떤 모습으로 살았기에 축복의 주인공이 되었는가 를 살펴봄으로써 은혜를 나누고자 합니다.

야곱은 무엇보다도 영적인 면에 관심이 많았고 그 면에서 먼저 눈을 뜬 사람이었습니다.

그가 유달리도 장자권에 큰 비중을 두고 일구어 가는 행동은 그가 영적이고 믿음이 있었기 때문에 가능합니다. 우리의 삶이 눈에 보이는 빵으로 만 먹고 사는 것이 아니라, 여호와의 입으로 나오는 말씀으로 사는 것처럼 눈에 보이는 세상이 전부가 아니고 더 광활하고 강력한 영적 세계가 있음을 인지해야 합니다.

아람이 이스라엘과 전쟁을 하고 있었습니다. 그런데 아람은 싸우기만 하면 항상 패배합니다. 나중에 알고 보니 이스라엘에는 엘리사라는 선지자가 있는데 그분의 인도하심 때문에 아람은 꼼짝을 할 수가 없었던 것입니다.

왕하 6:12에서 표현을 적절하게 합니다.
이스라엘 선지자 엘리사가 왕이 침실에서 하신 말씀이라도 이스라엘 왕에게 고하나이다.
자신들의 행동에 대하여 모든 것을 알고 있으니 전쟁에서 이길 수 없음은 당연합니다. 그래서 그를 죽이고자 합니다. 엘리사가 도단성에 있을 때 아람이 군사로 둘러 진을 칩니다.

사환이 아침에 일찍이 일어나 주변을 둘러보니 적군이 가득한게 보입니다. 사환이 두려워 떨며 말을 합니다.

아아, 내 주여 우리가 어찌하리이까
그러자 왕하6:16절에 두려워하지 말라 우리와 함께 한자가 저와 함께 한 자보다 많으니라

그런데 육신의 눈에 보이는 실제는 적군들 뿐이거든요. 그래서 엘리사가 기도하여 그 사환의 눈이 열리게 하니, 저가 불말과 불병거가 산에 가득한 것을 보게 됩니다. 영의 눈이 열리니 새로운 것들을 보게 된 것입니다. 영적인 세계를 알 때에 이 세상이 제대로 보이게 되는 것입니다.

두 번째로 야곱은 큰 비전을 가진 사람이었습니다.

야곱이 삼촌 집에서 여러해 있었으나 삼촌의 변개하는 마음 때문에 아무것도 얻지 못하는 세월을 보내게 됩니다. 그 때에 모험을 하게 되지요. 세상적으로 보면 아주 불리한 협상입니다. 야곱에게 모험이긴 하지만 그에게는 미래의 비전을 보는 시야가 있었습니다.

창세기 30장 32절에 아롱진 자와 점 있는 자와 검은 자를 가리어 나의 것이 되리이다.

일반적으로 보면 그런 양은 그리 흔한 것이 아닙니다. 그러니 삼촌은 쉽게 내가 네 말대로 하리라하고 수용을 하게 됩니다.

야곱은 미래에 뛰노는 자신의 양들을 바라봅니다. 당장에는 없지만 말입니다. 우리도 야곱처럼 미래의 비전, 다시 말하면 꿈을 바라볼 수 있기를 원합니다.

하나 더 추가해 보면 야곱은 매우 열정적인 사람이었습니다.

외삼촌 라반의 집에서 일할 때의 모습을 성경은 이렇게 기록하고 있습니다.

창31:6 그대들도 알거니와 내가 힘을 다하여 그대들의 아버지를 섬겼거늘 이라고 말입니다.

야곱은 인간관계가 불편한 집에서 일을 했지만 힘을 다하여 섬겼다고 당당히 자신있게 고백하고 있는 것입니다. 맡겨진 일에 대해서는 어떻게 했습니까?

창31:40 내가 이와 같이 낮에는 더위를 무릅쓰고, 밤에는 추위를 당하며 눈 붙일 겨를도 없이 지내었나이다

이득을 계산하기 이전에 낮과 밤을 가리지 않고 충성을 다하는 모습을 발견하게 됩니다.

그는 후에 서부가 되어 귀향하게 됩니다. 거저되는 것이 아니지요. 그의 삶의 나날은 최선을 다하여 땀 흘리는 아름다운 모습의 사람이었던 것입니다.

이 시대를 살아가는 우리도 야곱의 그러한 면들을 본받아서, 마음의 소원을 성취하시는 모두가 되시기를 주님의 이름으로 축원합니다.

하나님이 쓰시는 자

여호와께서 또 기드온에게 이르시되 백성이 아직도 많으니 그들을 인도하여 물 가로 내려가라 거기서 내가 너를 위하여 그들을 시험하리라 내가 누구를 가리켜 네게 이르기를 이 사람이 너와 함께 가리라 하면 그는 너와 함께 갈 것이요 내가 누구를 가리켜 네게 이르기를 이 사람은 너와 함께 가지 말 것이니라 하면 그는 가지 말 것이니라 하신지라 이에 백성을 인도하여 물 가에 내려가매 여호와께서 기드온에게 이르시되 누구든지 개가 핥는 것 같이 혀로 물을 핥는 자들을 너는 따로 세우고 또 누구든지 무릎을 꿇고 마시는 자들도 그와 같이 하라 하시더니 손으로 움켜 입에 대고 핥는 자의 수는 삼백 명이요 그 외의 백성은 다 무릎을 꿇고 물을 마신지라 여호와께서 기드온에게 이르시되 내가 이 물을 핥아먹은 삼백 명으로 너희를 구원하며 미디안을 네 손에 넘겨 주리니 남은 백성은 각각 자기의 처소로 돌아갈 것이니라 하시니 이에 백성이 양식과 나팔을 손에 든지라 기드온이 이스라엘 모든 백성을 각각 그의 장막으로 돌려보내고 그 삼백 명은 머물게 하니라 미디안 진영은 그 아래 골짜기 가운데에 있었더라 오늘 저녁엔 〈하나님이 쓰시는 자〉라는 제목으로 은혜를 나누고 자 합니다.

세상엔 가치가 있어 보이나 묻혀있어서 전혀 빛을 보지 못하는 것들이 많습니다. 반면 별 것 아닌 것 같으나 쓰임을 받음으로써 가치를 인정받고, 빛을 발하는 것들이 있습니다.

우리도 역시 하나님 앞에 쓰임 받을 때 가치가 빛납니다.

사사기 7장 4절로 8절까지를 중심으로 하여, 하나님은 과연 어떤 사람들을 사용하시는가를 보고자 합니다.

첫째는, 담대한 자를 들어서 쓰십니다.

7장 3절의 말씀을 보면 **"누구든지 두려워 떠는 자는 길르앗 산을 떠 나 돌아가라"**

담대하지 못한 자는 전쟁터에서 필요 없다는 말씀입니다.

우리가 살아가는 이 세상은 영적 전투장이라는 것을 인지해야 합니 다. 이 영적 전부장에서 쓰임 받기를 원한다면 담대해져야 합니다.

여호수아가 새로운 땅 가나안에 입성하기 전, 주님께서 그에게 주신 가장 강한 메시지는 **"담대하라"**였음을 기억하게 됩니다.

수 1:6 "마음을 강하게 하라 담대히 하라 너는 이 백성으로 내가 그 조 상에게 맹세하여 주리라 한 땅을 얻게 하리라"

7절에서도, 9절에서도 역시 반복되는 말씀은 강하고 담대하라입 니다.

이와 같이 새로운 영역을 확보할 때에는 강하고 담대할 것을 특

별히 요구하시는 것입니다.

예수님께서도 **요 16:33**에서 **"세상에서는 너희가 환난을 당하나 담대하라 내가 세상을 이기었노라"** 라고 말씀을 주십니다.

복음을 전하는 중 필요 요소도 역시 담대함을 떠나서는 말할 수가 없습니다.

이와 같이 성경에는 무려 **쉰여덟번(58) 이상이나 담대하여 질 것을 강조**하고 있음을 기억하시길 원합니다.

두 번째로, 준비된 자를 사용하십니다.

기드온의 300용사 선발대회에서 탈락자들의 모습은 어떤 자들이었겠습니까? 그들은 개처럼 물을 혀로 핥는 자들이고, 무릎 꿇고 마시는 자들이었습니다.

바로 이들은 전투에 준비되지 못한 모습들입니다. 반면에 합격한 자들의 모습은 손으로 움켜쥐고 물을 담아 마셨습니다.

이들은 항상 경계의식을 가진 준비된 자들임을 알 수 있습니다. 즉 그들은 깨어있는 민첩한 자들로서 준비되어 있는 자들인 것입니다.

모세가 애굽에서 이스라엘 백성을 어느 날 갑자기 이끌고 나온 것이 아닙니다. 하나님은 그 백성을 이끌어 내어 올 광야에서 이미 40년 동안이나 훈련을 시키시고, 지형을 익히게 하시고, 마음을 다듬게 하셨음을 놓치지 말아야 합니다.

모세가 광야에 들어갈 때만해도 혈기가 등등한 사람이었지만 그가 쓰임 받을 때는 성품도 변화가 되어서,

민 12:3에서 무어라 말씀하십니까?

"모세는 온유함이 지면의 모든 사람보다 승하더라"라고 선언하십니다.

크게 변화되어 쓰임받기에 부족함이 없는 준비된 모습을 볼 수 있는 것입니다.

세 번째로, 말씀에 순종하는 자를 사용하십니다.

300용사를 이끌고 있는 기드온부터가 주님의 말씀에 철저히 순종하고 있음을 볼 수가 있습니다. 기드온은 말씀을 따라 순종하며 모든 일을 처리해 나갑니다. 그로 말미암아 선택받은 자가 300명입니다.

그러므로 우리는 말씀을 철저히 익히고, 그 말씀을 따라 순종해 갈 때에 주님은 시험에서 우리를 통과시키고, 뽑은 자중에 또 뽑아주셔서 우리를 사용하십니다. 그 사용하심으로 영광 받으시기를 원하신다 하는 사실을 믿으시기 바랍니다.

이 어려운 시대에 하나님 앞에 기드온의 용사처럼 쓰임 받아 영적전쟁의 수고하는 일터에서 승리하는 모두가 되시기를 바랍니다.

9월의 시와 함께

먼저

먼저 소유하지 않게 하소서
헐벗은 자 있는 곳에서 먼저 입게 마옵시고
굶주린 자 있는 곳에서 먼저 먹게 마옵시고
떠도는 자 있는 곳에서 먼저 갖게 마옵소서

먼저 쉬지 않게 하옵소서
손놀림이 있는 곳에서 먼저 놓지 않게 하옵시고
발걸음이 있는 곳에서 먼저 쉬지 않게 하옵시고
등불들이 있는 곳에서 먼저 수면 않게 하옵소서

먼저 셈하지 않게 하옵소서
영혼이 마른 곳에 내 생명을 셈하지 않게 하소서
육신이 병든 곳에 내 건강을 셈하지 않게 하소서
환경이 악한 곳에 내 재물을 셈하지 않게 하소서

주여
원하옵기는
어떠한 경우라도
걸림돌들 넘는 자유 자되어
거침없이 일하는 자되게 하소서

상대성이론과 그리스도

예수 그리스도는 어제나 오늘이나 영원토록 동일하시니라

천재하면 떠오르는 사람이 있습니다.

아인슈타인입니다.

물론 세상엔 또 다른 많은 사람들이 있겠지만 한국에선 아무래도 그 이름을 먼저 앞세우게 됩니다. 그래서 그 이름의 상품도 나오고, 그런 상품과 함께 하면 내 아이가 천재가 되려니 하는 기대감을 갖기도 합니다. 또한 아인슈타인하면 떠오르는게 있지요.

바로 상대성이론입니다. 상대성이론이 무엇인지 잘 모르는 사람들도 그것이 대단한 것이다라는 정도로는 이해할 것입니다.

제 자신도 젊은 시절엔 그분을 좋아하던 추억이 있어서, 성장한 후에는 그분이 강의하던 미국의 프린스턴 대학을 시간 내어 방문해 본적도 있습니다.

지난 날엔 물리학을 공부했으니 상대성이론을 피해갈 수는 없습니다. 상대성이론은 복잡스럽게 전개되기는 하지만 요약하면 이렇습니다.

세상의 모든 것은 상대적이라는 것입니다.

말을 바꾸어보면 절대적인 것은 없다라는 선언과도 같습니다.

심지어 눈에 보이는 물질세계뿐만이 아니라 시간조차도 상대적이다 라는 것입니다.

이 이론은 세상의 많은 부분에서 생각을 바꾸어 놓았습니다.

그래도 변하지 않을 것만 같았던 시간을 붙잡고, 철학을 세워갔던 영역에선 폭탄을 맞은 것과 같은 것입니다.

시간에서의 상대성은 시간도 절대적이지 못한 피조물의 한 분야일 수 있을 뿐 아니라, 속도에 따라 변할 수 있다는 것입니다.

여기에서 상상력을 발휘하여 탄생한 것이 타임머쉰입니다.

타임머쉰이란 것에 모순이 있기는 하지만 상상력에 날개를 달기에는 충분합니다.

이런 것도 생각해 볼 수 있습니다.

우리가 열차를 타고 서울에서 부산으로 간다고 하면, 자신을 기준점으로 볼 때는 부산이 내게로 오고 있다고 해도 틀리는 말이 아닙니다. 다만 그럴 경우 대구도, 김천도, 대전도 내게로 와야 하기 때문에 수학적 계산이 복잡하니 차라리 내가 가고 있다라고 단순하게 사용하는 것뿐입니다.

그러나 어떤 것이든 상대성이론에 접목해 보면 모두가 맞습니다.

우리가 비행기를 타고 갈 때 비행기의 움직임을 지도상에 표현해 주는 것을 보게 됩니다. 지금 어디쯤 가고 있는가에 대해 GPS시스템을 이용하여 위치를 알려 주고 있습니다.

그런데 재미있는 것은 비행기의 현재속도의 표기는 늘 Ground Speed로 표기 됩니다. 직역해 보면 지면 속도 또는 대지 속도로 번역될 것입니다.

비행기 속도라 하지 않고 지금 대지가 얼마만한 속도로 이동하고 있다는 말입니다. 이는 우리를 고정시켜 놓은 가운데 상대적으로 움직이는 대지의 속도를 나타내 주는 것입니다.

속도는 상대적이니 어떤 표현이든 맞습니다.

세상에선 모든 것이 상대적입니다. 시간과 물질세계 뿐 아니라 생각에서도 서로 상대적일 수 있습니다.

그렇다보면 생길 수 있는 현상 중 하나가 기준점이 없어진다는 사실입니다.

절대적 기준의 상실은 매우 위험한 것으로서 여러 부분에서 혼란을 자아낼 수밖에 없습니다.

내 멋대로의 세상으로 전진해 갈 수도 있는 것입니다. 그래서 세상은 더욱 혼란을 부채질합니다.

어디에 목표를 두고 살 수가 없게 됩니다. 실제적으로 세상에선 온전한 절대점이 없다는 것이 옳습니다.

다행히도 시간을 넘어 모든 면에서 흔들리지 않는 절대자가 계십니다.

바로 예수 그리스도이십니다. 그분을 붙잡지 않고는 표류할 수밖에 없는 곳이 이 세상입니다.

허탄한 바람이 늘 불어대는 이 세상에서, 예수 그리스도를 더욱 꼭 붙잡고 나아가는 나날이 되어야겠습니다.

히브리서 13:8을 통해 주님은 말씀하십니다.

"예수 그리스도는 어제나 오늘이나 영원토록 동일하시느니라"

아멘~!

지혜로운 신앙생활 (1)

그런즉 너희가 어떻게 행할 지를 자세히 주의하여 지혜없는 자 같이 하지 말고 오직 지혜있는 자 같이하여 세월을 아끼라 때가 악하니라 그러므로 어리석은 자가 되지 말고 오직 주의 뜻이 무엇인가 이해하라 술 취하지 말라 이는 방탕한 것이니 오직 성령으로 충만함을 받으라 시와 찬송과 신령한 노래들로 서로 화답하며 너희의 마음으로 주께 노래하며 찬송하며 범사에 우리 주 예수 그리스도의 이름으로 항상 아버지 하나님께 감사하며 그리스도를 경외함으로 피차 복종하라

엡 5:15~21말씀을 중심으로 지혜로운 신앙생활이란 주제로 은혜를 나누고자 합니다.

지혜로운 신앙생활을 하기 위해선 먼저 지혜가 무엇인지를 알아야 겠습니다.

일반 백과사전을 찾아보면 지혜란 사리에 맞게 생활하는 슬기, 또는 '사리를 밝히고 잘 처리해 가는 능력'으로 기술하고 있습니다. 그러므로 세상적 해석을 보면 머리가 좀 좋고 똘망똘망한 자를 일컬어 지혜롭다라고 해도 틀리지는 않을 것입니다.

그래서 세상 사람들은 어떤 아이가 좀 영특해 보이면 머리를 쓰다듬으며 "너 참 지혜롭구나!"하며 칭찬을 하곤 합니다.

그런데 성경에서는 이 지혜에 대하여 어떻게 풀고 있을까요?

시111:10을 통해 "여호와를 경외함이 지혜의 근본이어늘"이라고 말씀하고 있습니다.

일반적으로 생각하는 것과는 전혀 다른 것을 알 수 있습니다.

그렇다면 자신이 지혜가 부족하면 어떻게 하면 지혜롭게 되겠습니까? 걱정하실 필요가 없습니다.

주님은 약1:5을 통하여 해답을 주십니다.

"너희 중에 누구든지 지혜가 부족하거든 모든 사람에게 후히 주시고 꾸짖지 아니하시는 하나님께 구하라 그리하면 주시리라"

말씀하십니다.

지혜는 구하면 주십니다. 그것도 꾸짖지도 않으시면서 주시겠다

약속하십니다.

그러면 이제 어떻게 하는 것이 지혜로운 신앙생활인가하는 면으로 접근해 보겠습니다.

15절에 그런즉 너희가 어떻게 행할지를 자세히 주의하여~ 지혜 없는 자 같이 하지 말고~

오직 지혜 있는 자 같이 하여…

즉 지혜 있는 자에게 요구하는 바는 16절에 세월을 아끼라 입니다.

이 의미는 원어적으로 쉽게 풀어서 기회를 사라, 다시 말하면 기회를 놓치지 말라는 뜻입니다.

기회를 붙잡는 자가 지혜로운 자입니다.

지혜로운 자는 기회를 놓치지 않습니다.

기회는 있기에 놓치지 말라 하시는 것입니다.

지금이 바로 그 때요 시기인 것입니다.

기회는 한 번 놓치면 다시 잡기가 어려워집니다.

고후 6:2 하반절에 "보라 지금은 은혜 받을 만한 때요 보라 지금은 구원의 날이로다"라고 선포하십니다.

우리의 신앙생활에서나, 삶의 전선에서나, 지금이란 시간이 바로 축복의 기회임을 놓치지 마시기 바랍니다.

미국에서 있었던 일입니다. 젊은 시절 두 친구가 있었습니다.

함께 길을 가는 중에 길가 교회에서 찬송 소리가 울려오자 한 친구가 제안합니다.

한번 들어가 보자라고 말입니다. 그러나 다른 친구는 가서 뭐 볼일 있겠느냐며 그냥 가자합니다.

둘은 서로 헤어졌습니다.

한 친구는 마침 부흥집회에 참석하여 은혜를 받고 인생의 방향을 새롭게 잡습니다. 주님의 뜻을 따라 열심히 삽니다. 세월이 흘러 한 친구가 다른 친구를 찾아갑니다.

모두 큰 집에 살고 있었습니다. 하나는 하얀 큰 집에, 다른 하나는 붉은 벽돌의 큰집에 말입니다. 다시 말하면 하나는 화이트 하우스에 하나는 감옥에 갇혀 장기수가 되어 있었던 것입니다.

한 친구는 미국을 이끄는 22대 24대 대통령을 지내게 되었고, 그 때 하나님이 주시는 기회를 놓쳐 버린 다른 친구는 마약과 술에 찌든 인생으로 황폐화 돼 버렸습니다.

클리블랜드 대통령의 삶의 일화를 말씀드리고 있습니다.

기회를 붙잡은 인생과 놓친 자의 차이점을 적나라하게 볼 수 있는 장면입니다.

여호와를 경외하면 축복의 기회를 바라보는 시야가 열리고, 붙잡을 수 있는 찬스를 확보하게 됩니다.

세상적 지식이 아닌, 하나님을 경외하는 지혜가 충만하시기를 기원합니다. 그래서 지혜로운 신앙생활을 함으로써 하나님께 칭찬을 받고 모두에게도 유익이 되시기를 주님의 이름으로 축원합니다.

지혜로운 신앙생활 (2)

그런즉 너희가 어떻게 행할 지를 자세히 주의하여 지혜없는 자 같이 하지 말고 오직 지혜있는 자 같이하여 세월을 아끼라 때가 악하니라 그러므로 어리석은 자가 되지 말고 오직 주의 뜻이 무엇인가 이해하라 술 취하지 말라 이는 방탕한 것이니 오직 성령으로 충만함을 받으라 시와 찬송과 신령한 노래들로 서로 화답하며 너희의 마음으로 주께 노래하며 찬송하며 범사에 우리 주 예수 그리스도의 이름으로 항상 아버지 하나님께 감사하며 그리스도를 경외함으로 피차 복종하라 지혜로운 신앙생활에 대한 두 번째 시간입니다.

지혜로운 신앙생활의 다른 면은 에베소서 5장 17절에서 말씀하시는 바와같이 주의 뜻을 따라 사는 자입니다.

우리는 주님께서 원하시는 바가 무엇인가를 물을 필요가 있습니다. 그렇지 않으면 열심히 일은 하는데 주님의 뜻과 전혀 다른 일을 할 수도 있기 때문입니다.

예를 들어보겠습니다. 어린아이에게 엄마가 심부름을 시켰습니다. 음식을 만들기 위해 옆 가게에 가서 두부 한모를 사오라고 심부름 시켰습니다.

아이가 부지런히 가게에 갑니다. 그런데 땀을 흘리며 가다보니 가게에 도착한 후 두부 사오는 것은 잊어버리고 시원한 아이스크림이 생각났습니다. 그래서 두부대신 아이스크림을 사가지고 엄마에게 옵니다. 땀흘리며 열심히 심부름을 했습니다. 그러나 아이는 칭찬받을 일을 한 것이 아니라는 것을 우리는 잘 압니다.

하나님의 일에 있어서도 역시 동일합니다. 주의 뜻을 벗어난 열심은 도리어 에너지만 소모할 수가 있는 것입니다.

그러므로 어리석은 자가 되지 말고 오직 주의 뜻이 무엇인가 이해하라 말씀하시는 것입니다.

여기에서 소극적 의미에서 보면 **18절**에서 말씀하시는 바 **"술 취하지 말라"**입니다.

이는 마시는 알콜만을 지칭하지는 않습니다.

이는 방탕한 것이니 오직 성령으로 충만함을 받으라 하시는 것을 보면 성령 충만하지 않은 세속화된 모든 것들을 가리키고 있음을 알 수 있습니다.

지금은 문명이 발달되어서 세상에 취하기 쉬운 시대를 살아가고 있습니다. 아이들은 컴퓨터의 오락 등에 취하기 쉽고, 어른들은 세상의 즐길 거리와 그에 상응하는 것들에 취하기 쉬운 시대인 것입니다. 우리는 성령에 취하지 아니하면 하나님으로부터 멀어지게 됩니다.

고전 15: 33 속지 말라 악한 동무들은 선한 행실을 더럽히나니라고 말씀하십니다.

선한 행실을 더럽히게 되면 성령의 역사를 기대할 수가 없습니다. 적극적 의미에서 지혜로운 신앙생활은 **에베소서 5장 19절**에서 해답을 주십니다.

"시와 찬미와 신령한 노래들로 서로 화답하며"입니다.

기도와 찬송이 기적을 일으키는 것은 수많은 간증들을 통하여 들으셨을 것입니다.

바울과 실라가 빌립보의 감옥에 갇힙니다. 행16장은 그 내용을 아주 자세히 기술하고 있습니다. 그 불편한 옥중에서도 **한밤중에 바울과 실라가 기도하고 하나님을 찬송하매 죄수들이 듣더라** 말씀하십니다.

그들의 기도와 찬송은 기적을 불러왔습니다. 지진이 나고, 옥터가 움직이고, 문이 열리고, 매인 것이 풀어지는 기적의 현장이 된 것입니다.

기도와 찬송은 적극적 의미에서의 지혜로운 신앙생활인 것입니다. 삶의 발걸음이 움직이는 곳마다 기도와 찬송이 끊어지지 않을 때 하나님의 기적은 지금도 이어지게 될 것입니다.

1991년도 2월에 아프리카 나이지리아 북부 지역선교에 참여했을 때였습니다. 그곳은 이슬람지역입니다. 그 나라로 입국도 하기 전에 공항에서 일행 모두가 잡힌 경험을 가지고 있습니다.
당시의 기억을 살려보면 꼼짝없이 순교하는가 보다 했었습니다.
밤하늘의 보석 같은 별빛이 내리 꽂히는 대지 위에서 우리가 할 수 있는 일이라곤 모든 것을 포기하고, 기도하고 잔잔한 찬송을 올리는 일 뿐이었습니다.
시간이 흐른 어느 순간 기적같이 풀어졌을 때 시각을 헤아려 보니 마침 한국의 새벽기도시간이었던 것을 기억합니다. 그 먼 한국에서의 기도와 찬송은 우리를 묶었던 모든 줄을 풀어낸 것입니다.

수 많은 사람들이 좌절하고 낙망하고 목숨을 끊는 이 시대에 적극적의미의 신앙생활은 여러분을 반드시 승리로 이끌어 내게 될 것입니다.

하나님의 역사가 따르는 사람

이에 왕이 제사하러 기브온으로 가니 거기는 산당이 큼이라 솔로몬이 그 제단에 일천 번제를 드렸더니 기브온에서 밤에 여호와께서 솔로몬의 꿈에 나타나시니라 하나님이 이르시되 내가 네게 무엇을 줄꼬 너는 구하라 솔로몬이 이르되 주의 종 내 아버지 다윗이 성실과 공의와 정직한 마음으로 주와 함께 주 앞에서 행하므로 주께서 또 그를 위하여 이 큰 은혜를 항상 주사 오늘과 같이 그의 자리에 앉을 아들을 그에게 주셨나이다 나의 하나님 여호와여 주께서 종으로 종의 아버지 다윗을 대신하여 왕이 되게 하셨사오나 종은 작은 아이라 출입할 줄을 알지 못하고 주께서 택하신 백성 가운데 있나이디 그들은 근 백싱이라

수효가 많아서 셀 수도 없고 기록할 수도 없사오니 누가 주의 이 많은 백성을 재판할 수 있사오리이까 듣는 마음을 종에게 주사 주의 백성을 재판하여 선악을 분별하게 하옵소서 솔로몬 이 이것을 구하매 그 말씀이 주의 마음에 든지라 이에 하나님 이 그에게 이르시되 네가 이것을 구하도다 자기를 위하여 장수 하기를 구하지 아니하며 부도 구하지 아니하며 자기 원수의 생 명을 멸하기도 구하지 아니하고 오직 송사를 듣고 분별하는 지 혜를 구하였으니 내가 네 말대로 하여 네게 지혜롭고 총명한 마음을 주노니 네 앞에도 너와 같은 자가 없었거니와 네 뒤에 도 너와 같은 자가 일어남이 없으리라 내가 또 네가 구하지 아 니한 부귀와 영광도 네게 주노니 네 평생에 왕들 중에 너와 같 은 자가 없을 것이라 네가 만일 네 아버지 다윗이 행함같이 내 길로 행하며 내 법도와 명령을 지키면 내가 또 네 날을 길게 하리라 솔로몬이 깨어 보니 꿈이더라 이에 예루살렘에 이르러 여호와의 언약궤 앞에 서서 번제와 감사의 제물을 드리고 모든 신하들을 위하여 잔치하였더라 열왕기상 3:4~15의 말씀으로 **하나님의 역사가 따르는 사람** 이란 주제로 은혜를 나누고자 합니다.

솔로몬이 왕이 된 후 하나님을 더 사랑하고 그 아버지 다윗의 법도를 따라서 행했습니다.

특히 그는 하나님 앞에 감사하며 일천번제를 드렸는데, 하나님께서는 솔로몬의 꿈에 나타나 솔로몬에게 소원을 묻습니다. 그때 솔로몬은 자기의 영광을 위하여 구하지 아니하고, 하나님께서 그에게 맡겨주신 일들을 잘 감당할 지혜를 구했더니 주님께서 감동하시고 지혜뿐 아니라 그가 구하지 아니한 부귀와 영화도 더하여 주셨습니다.

모든 것은 하나님께서 역사해 주셔야 한다는 것입니다.

솔로몬은 왕입니다. 모든 것을 취할 수 있는 권한이 있습니다.

그런데 솔로몬은 자기의 힘과 능력으로 안 되는 일들이 많음을 깨닫고 있습니다. 그의 겸손은 하나님께서 은혜를 베풀어 주셨고, 자리를 높여 주셨습니다. 또한 그는 지혜로운 마음을 하나님께 구했습니다. 그는 참된 지혜는 하나님께서 주신 지혜임을 알았습니다.

우리 삶에 쉽고, 별것 아닌 것 같은데 잘 되지 않고, 이루어지지 않는 것은 아무리 쉬운 것 같아도 하나님께서 역사 해 주셔야 된다는 것입니다.

그러면 **하나님의 역사가 따르는 사람이 되려면 어떻게 해야 합니까?**

열왕기상 3장 4절로 15절을 보면 솔로몬은 하나님의 역사가 따를 수밖에 없는 모습을 발견하게 됩니다.

첫째로, 솔로몬은 받기 위해서 하는 것이 아니라 이미 받은 것을 감사했습니다.

솔로몬은 여호와를 사랑했기에 법도를 따라 행했습니다.

그 부친 다윗의 법도를 행하되 하나님께서 명하신 말씀이기에 그는 그 말씀을 따라 행했던 것입니다.

우리는 받기 위해서 드리는 것이 아니라, 받은 하나님의 은혜와 사랑이 너무 크고 감사하기에 드리는 것이 되어야 합니다. 예배를 드리는 것도 '내가 은혜 받기 위해서 이전에 나 같은 죄인을 구원하사 하나님의 자녀 삼아 주신 그 큰 은혜에 감사함으로 하나님께 영광을 돌려드리는 것이 되어야 합니다.

물질을 드리는 것이 내가 이만큼 드리니 이만큼 달라고 드리는 것이 아니라 이 모든 물질의 주인은 하나님이시고, 그 하나님께서 내게 주셨고, 주셨음을 감사해서 하나님께 드리는 것이 되어야 합니다.

두번째로 솔로몬은 달라고 해서 받은 것이 아니라 줄 수 밖에 없도록 했습니다.

하나님은 주시는 분이십니다. 그런데도 우리가 왜 솔로몬처럼 받지 못합니까? 달라는 데만 관심이 있기 때문입니다. 마땅히 내가 할 일을 하기만 하면 주시는 것은 하나님이 하십니다.

우리가 마땅히 무엇을 해야 합니까?

우리가 할 일은 예배로 하나님께 영광을 돌리는 일이 마땅한 일입니다.

우리가 할 일은 하나님 앞에 은혜와 긍휼을 구하며 기도하는 것입니다.

우리가 할 일은 주님께서 우리에게 맡겨주신 일인 복음을 전하여 영혼을 주께로 이끌어 세우는 일입니다.

우리가 할 일은 드리라 하면 드리고, 하라 하면하고, 가자하면 가는 것입니다.

이제 여러분과 저는 달라고 하는 것이 아니라 주실 수밖에 없도록 마땅히 할 일을 열심히 하시기 바랍니다.

하나더 보면 솔로몬은 자기를 좋게 하기 위해서가 아니라 주를 기쁘시게 하기 위해서 행했습니다.

솔로몬은 얼마든지 자기를 위하여 부를 구하고, 수를 구하고, 지혜를 구하고, 원수의 생명 멸하기를 구할 수 있었습니다. 또 그렇게 한들 누가 뭐라고 하겠습니까?

그러나 그는 왜 하나님께서 자기를 왕의 자리에 앉혀 놓았는지를 알았습니다.

그렇기 때문에 그는 자기를 위해서가 아니라 하나님께서

그를 충성되이 여겨 세워주신 하나님이 원하시는 대로,

하나님께서 기뻐하시는 대로 쓰임 받기를 구했던 것입니다.

우리 모두도 하나님의 역사가 따르는 사람들이 되시기를 바랍니다.

불확실성의 시대에

예수께서 이르시되 내가 곧 길이요 진리요 생명이니 나로 말미암지 않고는 아버지께로 올 자가 없느니라

세상을 바라보는 시야는 두 가지 각도로 접근하고 있음을 볼 수
있습니다.

하나는 매크로 세계와 다른 하나는 마이크로 세계입니다. 다시
말하면 거시적 세계와 미시적 세계입니다. 거시적 세계는 우주를
바라보는 거대세계이고 미시적 세계는 현미경으로 쪼개 보는 세밀
한 세계입니다.

많은 연구가들이 물질이 도대체 어떻게 구성이 되어있는가에 궁
금증을 가지게 되었습니다. 그래서 물질을 쪼개고 또 쪼개고 계속
쪼개어 가다보면 어떻게 될까를 찾아 갑니다. 그래서 발견한 것이
분자, 원자, 전자, 원자핵 등으로 접근해 갑니다.

거기서 또 쪼개어 그 근본이 무엇으로 되어있는가의 질문에 해답
을 주려합니다.

이런 계통을 다루는 학문중의 하나가 양자역학입니다.

그곳에 존재하는 산란한 공식들을 여기에서 배울 이유는 없습니
다. 우리가 시장에 가서 콩나물이나 두부를 사는데 아무런 필요도
없는 것들이기에 더욱 그렇습니다. 다만 물질세계의 근본을 파헤
치려는 노력에는 박수를 보낼 만합니다.

오늘 날 우리에게 부담을 안겨주는 원자탄도 원자핵이란 부분에
서 발견된 것이니 무시할 수 있는 게 아니지요. 그런데 문제가 생
겼습니다. 무한히 마이크로 세계로 파고들어가다 보니 입자 세계
까지 도달해 가는데 정확히 정립할 수 있는 방법에 벽이 생긴 것입
니다.

그 입자의 운동량과 동시에 위치는 정확히 알 수 없다는 결론에

도달하게 된 것입니다.

하이젠베르크의 양자역학의 핵심입니다. 이를 우리말로 부르는 명칭이 불확정성원리입니다. 이름이 갖는 뜻과 같이 명확한 가치를 부여할 수 있는 물질세계는 없다는 것입니다.

과학을 통하여 절대성을 부여잡을 진리를 찾아가기는 했는데 그곳에선 절대성을 부여할 수 없다는 결론을 내리는 것과 비슷합니다. 그래서 생겨난 것이 통계를 이용합니다. 즉 그곳에 입자가 있을 확률은 몇 %다 라는 식입니다.

이러한 과학적 결론은 철학과 우리가 사는 세상에도 영향을 미치게 됩니다.

제가 어렸을 때에 일기예보를 보면 이렇게 보도했습니다.

어느 지역엔 비가오고, 어느 지역엔 비가 오지 않는다.

좀 애매한 지역은 곳에 따라 비가 온다는 식이었습니다.

그런데 지금은 달라졌습니다.

어느 지역에 비가 올 확률은 몇%다로 말입니다. 확정적일 수 없다는 말입니다.

비가 올 확률이 5%란 말을 듣고 우산도 없이 캠핑을 갔다가 소낙비를 맞습니다. 화를 내지만 일기예보가 틀린 것은 아닙니다. 왜냐하면 5%속에 들어갔기 때문입니다.

세상은 애매한 방법으로 진행해 갈 수 밖에 없게 됐습니다. 물질세계란 것이 다 그렇습니다.

그곳엔 절대적 확정이 있을 수가 없는 것입니다.

과학이 그렇게 증명해 주고 있습니다. 그렇기에 우리의 삶 또한 어디에 몸과 마음을 의지하고 살아야 하나를 고민하게 됩니다.

세상 사람들은 혼란을 잊어버리자 하고 술을 마시며 보내기도 합니다. 아니면 나름대로 철학을 만들어서 붙잡고 가려 애를 씁니다. 그러나 그 모든 것들이 불확정할 수밖에 없습니다.

이 세상은 모든 것이 피조물이기에 절대적일 수 없는 것입니다.

그렇기에 우리에겐 더욱 변함없이 흔들리지 않는 절대 표준점이 요구되고 있는 것입니다. 그것이 바로 진리입니다.

진리는 어제나 오늘이나 영원토록 변하지 말아야 하며, 어떤 환경에도 요동이 없는 절대적임을 선포해야 하는 것입니다.

여기엔 단 하나의 길 밖에 없습니다.

요한복음 14:6절은 이렇게 말씀하십니다.

"내가 곧 길이요 진리요 생명이니…"

흔들리지 않는 진리, 불확정하지 않고 정확한 진리는 바로 예수 그리스도십니다.

오늘도 그 분을 붙잡고 흔들리는 세상에서 승리하시는 모두가 되시기를 원합니다.

10월의 시와 함께

눈물 자욱이던 때

잊을 때가 많습니다
부스러진 한 쪼가리 빵을 놓고도
감사와 눈물의 기도가 있었던 때를
그래서
두개의 빵 중에 하나의 나눔을 잊었고
기억해도 주저합니다

잊을 때가 많습니다
황량한 광야 땅에서 발견한
한 컵의 흙탕물을 보고 한자나 되도록
기뻐하던 때를
그래서
한 동이 물에도 불평 불만이고
갈증을 하소연하는 자를 돌보지 않습니다

잊을 때가 많습니다
뚫린 양말 구멍에 손가락을 넣고도
동상 없이 지낸 한 겨울을 헤아렸던 때를
그래서
파리의 패션이 아니라서 시원찮고
맨발의 거지가 귀찮습니다

잊을 때가 많습니다
단칸방에 서너 식구 모여서
구석진 자리라도 있었던 것에 만족하던 때를
그래서
서너 칸 방중에 한 칸이 비어도
처마 밑의 거지는 떨고만 있습니다

잊을 때가 많습니다
단 한걸음에도 기도해야 호흡하는 연약함 속에
살아있는 것만도 감사 충만하던 때를
그래서
날고 뛰어도 주님일 잊었고
언제였냐 또이겠냐 합니다

주여 !
다시는 돌아갈 수 없는 길이 아님을
自覺하게 하소서
고작
한 걸음 사이의 뒤편인 것을
알게 하소서
눈앞의 쪼각들이 번쩍일 적마다
눈물 자욱이던 때를
기억나게 하소서.

축복의 물길

큰 집에는 금 그릇과 은 그릇 뿐 아니라 나무 그릇과 질그릇도 있어 귀하게 쓰는 것도 있고 천하게 쓰는 것도 있나니 그러므로 누구든지 이런 것에서 자기를 깨끗하게 하면 귀히 쓰는 그릇이 되어 거룩하고 주인의 쓰심에 합당하며 모든 선한 일에 준비함이 되리라

디모데후서 2장 20절로 21절을 중심으로 〈축복의 물길〉이라는 제목으로 은혜를 나누고자 합니다.

주님께서는 자연에서 이루어지는 일들을 통하여 우리에게 교훈을 주시는 경우가 많습니다.

예를 들면 씨뿌리는 비유, 감추인 보화, 그물 비유 등등입니다.

오늘도 그와 유사한 방법을 따라가 보도록 하겠습니다.

더운 여름날 가물어가기 시작하면 물꼬를 만듭니다. 물길을 만든다는 애깁니다. 물은 그 길을 따라 갑니다.

아주 쉽게 보아 물은 높은데서 아래로 흐르기 때문이지요. 축복의 흐름도 가만히 살펴보면 물길처럼 흘러가는 것을 발견하게 됩니다.

그래서 오늘은 제목도 〈축복의 물길〉로 잡아 보았습니다.

비가 오면 작은 도랑에서 냇가로 그리고 좀 더 넓은 강으로 궁극적으로는 바다로 흘러가는 물길을 바라봅니다.

왜 바다로 흐릅니까? 아주 간단합니다. **바다는 낮기 때문입니다.**

축복의 물길을 잡는 것도 역시 유사하다고 볼 수 있습니다.

우리가 축복이란 단어에 접근하는 주인공이 되기를 원한다면, 낮아져야 합니다.

이스라엘 백성들이 광야에서 40년 동안이나 지내게 됩니다.

신 8:16은 왜인가에 대한 해답을 주고 계십니다.

"네 조상들도 알지 못하던 만나를 광야에서 네게 먹이셨나니 이는 다 너를 낮추시며 너를 시험하사 마침내 네게 복을 주려하심이었느니라"

라고 분명히 선언을 하시는 것입니다.

이 낮아짐은 바로 겸손이란 단어와 상통합니다.

주님은 우리가 복 받기를 원하시기에 늘 낮아져라 그리고 겸손하라 말씀하시는 것입니다.

또한 우리는 좀 더 많은 복 받기를 원할 것입니다.

강물이 모여 바다로 가는 것에 해답을 모르는 사람은 별로 없을 것입니다. 당연히 바다는 넓기 때문입니다.

자연현상에서 보아 쉽지만 자신에게 끌어 당겨 보면 만만한 문제는 아닙니다.

이 시간 우리는 내 마음의 그릇을 한 번 측량해 볼 필요가 있습니다.

축복이라는 것을 담을 수 있는 그릇의 폭과 깊이를 말입니다. 그릇이 좁아서는 아무리 부어 줘도 담을 수가 없기 때문입니다.

시 81:10~11

나는 너를 애굽 땅에서 인도하여 낸 여호와 네 하나님이니 네 입을 넓게 열라 내가 채우리라.

한 번 자그마한 테스트를 해 보십시오. 세월이 흐를수록 다듬어지고 넓어지는 경우도 많지만 정 반대의 경우도 적지 않습니다. 상대방 말을 품지 못합니다. 행동을 못 보아 줍니다. 잘 되는 꼴을 못 보아 축복해 주기보다 시기심으로 깍아 내립니다. 담지를 못하기 때문입니다.

언젠가는 시내 공원에서 할아버지들이 장기를 두다가 뒤집어 업고 싸우는 모습을 본 적이 있습니다. 연세드신 분들이 단돈 1000원 내기에 화를 내고 소리를 지르고 판을 업고 난리를 칩니다.

세월이 흘러가며 넉넉해 지는게 아니라 비좁고 완고해지는 한 면인 것입니다.

세월이 갈수록 고집스러워지고, 좁아지는 것이 아니라 후덕해지고 여유로워질 수 있기를 원합니다.

고후 6:13 "내가 자녀에게 말하듯 하노니 보답하는 것으로 너희도 마음을 넓히라"

현대를 살아가는 우리는 무한 경쟁 속에서 살아가고 있습니다. 그렇다보니 삶이 고달프고 각박해질 수밖에 없습니다.

이럴 때일수록 서로를 섬기는 낮아짐과, 서로를 용납하는 넓은 마음이 있을 때 여유가 생기게 될 것입니다.

주님은 또한 그런 자에게 찾아오십니다. 그리고 축복을 부어주십니다.

주님 주시는 모든 축복을 받아 누리시며, 쓰임 받으시다가 주님 만날 때 큰 상급을 받으시는 모두가 되시기를 주님의 이름으로 축복합니다.

진전을 이루기 위하여

너는 이것들을 명하고 가르치라 누구든지 네 연소함을 업신여기지 못하게 하고 오직 말과 행실과 사랑과 믿음과 정절에 있어서 믿는 자에게 본이 되어 내가 이를 때까지 읽는 것과 권하는 것과 가르치는 것에 전념하라 네 속에 있는 은사 곧 장로의 회에서 안수 받을 때에 예언을 통하여 받은 것을 가볍게 여기지 말며 이 모든 일에 전심전력하여 너의 성숙함을 모든 사람에게 나타나게 하라 네가 네 자신과 가르침을 살펴 이 일을 계속하라 이것을 행함으로 네 자신과 네게 듣는 자를 구원하리라

디모데전서 4:11~16의 말씀으로 진전을 이루기 위하여라는 주제로 은혜를 나누고자 합니다.

사도바울은 영적인 아들 디모데에게 서신을 보내는 중에 이런 내용을 담아 보내고 있습니다.

"누구든지 네 연소함을 업신여기지 못하게 하고 오직 말과 행실과 사랑과 믿음과 정절에 있어서 믿는 자에게 본이 되어"라고 말입니다.

사람은 누구나 앞서가고 싶어하고 인기를 얻고 자랑을 하기를 좋아 합니다. 그러나 그와 함께 본이 된다는 것은 결코 쉬운 일이 아닙니다.

우리는 세상이라는 어장에서 신앙생활을 하며 하루하루를 지내고 있습니다. 불신자들이 볼 때 교회와 성도들에 대해서는 그들이 갖는 기대치가 있습니다. 적어도 교회는 이래야 되고 교회 다니는 사람은 이 정도는 되어야 한다는 기준입니다.

물론 그들은 교회성장에 도움을 준적도 없고 성도들에게 조금이라도 유익을 준 경험 또한 없을 수도 있습니다. 그럼에도 그 기대치를 가지고 있기에 그 기대치가 무너지게 되면 험한 말로 핍박을 시작합니다.

성도된 우리는 그런 사람들을 불평하기 보다는 우리의 가치가 높아졌다는데 감사하고, 그 이상이 되도록 노력해야 합니다.

사도 바울은 디모데에게 여러 면에서 먼저 믿는 자에게 본이 될 것을 권고하고 있습니다.

이는 신앙인이 된 우리에게 권고하시는 주님의 말씀인 것입니다.

적어도 말과 행실에 있어서 특히 주의를 요구하고 있음에 눈을 떠야 할 것입니다.

두 번째로 진정으로 연구하는 자가 될 것을 권면하고 있음을 볼 수 있습니다.

디모데전서 4장 13절에 "내가 이를 때까지 읽는 것과 권하는 것과 가르치는 것에 전념하라"

가끔 집에 있다 보면 엉뚱한 것을 들고 오는 이단들과 마주칠 때가 있습니다. 교리적인 것은 아무것도 받을 것이 없지만 그 열심엔 혀를 내 두를 때가 있는 것입니다.

말세로 갈수록 우리는 더욱 성경지식에 박식해져야 겠습니다.

그렇지 않고는 스스로를 방어하기에 너무 힘겨운 시대를 살아가고 있는 것입니다.

브리스길라와 아굴라가 예수 그리스도에 대한 지식은 그 누구보다도 앞선 것처럼 말입니다.

하나 더 추가하여 보면 전심전력할 것을 요구하고 있습니다.

세계에서 제일 높은 산은 아시는 것처럼 에베레스트입니다.

1953년 5월 29일, 이 산은 에드먼드 힐러리에 의해서 최초로 정복이 되었습니다.

그러나 이는 첫 등정에서 성공한 것이 아니었습니다.

이전엔 등정에서 쓰라린 실패의 경험을 가져야 했습니다.

실패 후 가진 모임에서 그는 유명한 말을 남깁니다.

"에베레스트 산이여, 지난 번에는 네가 나를 쓰러뜨렸지만 다음엔 내가 너를 쓰러뜨릴 것이다. 그 이유가 무엇인지 아는가? 너는 더 이상 자라지 못한다. 그러나 나는 아직도 자라고 있기 때문이다."

그는 피눈물 나는 노력으로 장비를 개선하고 능력을 키우고 자신감에 불을 지피며 재도전하여 정상에 서게 되었습니다. 그 분이 썼던 책을 번역하려고 한 여름 도서관에서 땀 흘리던 젊은 시절의 기억이 새롭습니다.

우리는 비교할 수 없는 좋은 축복의 일들을 소유한 자들입니다.

더 높은 곳을 향하여 달려가는 믿음의 일꾼들인 것입니다. 전심전력하라는 것은 마음을 다하고 힘을 다하란 뜻입니다.

예수 그리스도의 장성한 분량이 충만한데 이르기까지 달려가야 하겠습니다.

빌립보서 4장 14절은 우리의 목적지를 잘 나타내 주고 있습니다.

"푯대를 향하여 그리스도 예수 안에서 하나님이 위에서 부르신 부름의 상을 위하여 달려가노라".

디모데전서 4장 15절 말씀에서도 "이 모든 일에 전심전력하여 너의 성숙함을 모든 사람에게 나타나게 하라"입니다.

어제의 모습보다 오늘이 나아지고, 내일의 모습은 더욱 성숙된 모습으로 발견되시는 모두가 되시기를 원합니다.

서로 격려하며 삽시다

그러므로 형제들아 우리가 예수의 피를 힘입어 성소에 들어갈 담력을 얻었나니 그 길은 우리를 위하여 휘장 가운데로 열어 놓으신 새로운 살 길이요 휘장은 곧 그의 육체니라 또 하나님의 집 다스리는 큰 제사장이 계시매 우리가 마음에 뿌림을 받아 악한 양심으로부터 벗어나고 몸은 맑은 물로 씻음을 받았으니 참 마음과 온전한 믿음으로 하나님께 나아가자 또 약속하신 이는 미쁘시니 우리가 믿는 도리의 소망을 움직이지 말며 굳게 잡고 서로 돌아보아 사랑과 선행을 격려하며 모이기를 폐하는 어떤 사람들의 습관과 같이 하지 말고 오직 권하여 그 날이 가까움을 볼수록 더욱 그리하자

히브리서 10:19~25의 말씀으로 서로 격려하며 삽시다라는 주제로 은혜를 나누고자 합니다.

히브리서 10:24 에서 주님은 **"서로 돌아보아 사랑과 선행을 격려하며"**라고 말씀하십니다.

본문은 시대적으로 보아 1세기의 그리스도인들을 격려하기 위한 메시지입니다.

고난의 종류는 달라도 훨씬 복잡한 21세기를 사는 그리스도인들에게도 동일한 격려가 필요합니다.

격려란 두 가지의미가 있습니다.

하나는 **'불러서 곁에 있다'** 는 의미입니다.

억울함을 당하고 슬픔을 당한 사람과 함께 있어주는 것이 격려입니다.

다른 하나는 **'서로 자극한다'** 는 의미입니다. 서로 함께하며 성장을 도와주는 지극이 진정한 격려입니다.

이 세상에서 어떻게 우리는 서로 격려하며 살아갈 수 있을까요? 우리는 격려의 기회를 만들어야 합니다.

히 10:25 "모이기를 폐하는 어떤 사람들의 습관과 같이하지 말고 오직 권하여 그 날이 가까움을 볼수록 더욱 그리하자"

모여서 만나야 격려의 기회를 만들 수 있다는 말씀입니다.

초대교회의 삶의 모습을 짚어보면 행2:46에서도 "날마다 마음을 같이 하여 성전에 모이기를 힘쓰고 집에서 떡을 떼며 기쁨과 순전한 마음으로 음식을 먹고"라고 말씀하십니다.

당시 성도들이 무서운 신앙의 핍박에 직면하면서도 용기를 잃지 않고 세상을 변화시킬 수 있었던 것은 모임을 통해 얻은 격려 때문입니다.

모이기를 힘쓰시기 바랍니다. 교회는 최상의 모임의 장소인 것을 우리는 잘 알고 있습니다.

다음으로 우리는 **격려의 내용**을 알아야 합니다.

히 10:22~24은 그 해답을 주십니다.

여기에서 보면 세 가지 중요한 주제를 안겨주십니다.

22절에서는 믿음의 중요성을 강조하고, 23절은 소망의 중요성을 강조합니다. 그리고 24절에서는 사랑의 중요성을 말씀하십니다.

그러므로 모일 때마다 믿음, 소망, 그리고 사랑을 격려하는 것을 숙지해야 할 것입니다. 때때로 우리는 격려하기 위해서 모였다가 오히려 서로에게 상처를 주는 일들도 빈번합니다. 그래서 모임이라면 아예 회피하는 분들도 생기게 됩니다.

이는 자동차 사고를 경험한 직후에는 다시는 자동차 운전을 거부하게 되는 것과 같습니다. 그러나 이런 분일수록 다시 핸들을 잡아야합니다. 그렇지 않으면 그는 운전함으로 오는 많은 유익함을 잃어버리게 됩니다.

선천적으로 병약했던 아이가 있었습니다. 이 아이는 뼈와 관절의 심한 질환으로 언제나 고통스러운 생활을 하며 자랐습니다. 이 아이에게 큰 힘이 되었던 것은 아버지의 교훈과 격려였습니다.

아버지는 "너의 상처를 찬란한 별로 만들라"고 말하며 꿈을 주고 힘을 실어 주었습니다.

이 아이는 후에 영국외과학회 회장과 국제외과학회 회장을 지내는 훌

류한 의사가 됩니다.

현대 성형수술의 창시자로 불리우는 해리 플래트 경입니다.

알버트 아인슈타인은 20세기가 낳은 최고 천재중의 한 사람으로 꼽힙니다. 그러나 그의 학창시절을 보면 엉뚱한 점에서 우리를 놀라게 합니다.

그의 고등학교 생활기록부에는 담임선생님이 기록하기를 "이 학생은 무슨 공부를 해도 성공할 가능성이 없다."였습니다. 그러나 어머니는 낙담해하는 아들을 오히려 달래며,

"아들아, 네가 다른 아이와 같다면 너는 결코 천재가 될 수 없어"라고 격려합니다.

그의 담임선생님의 가혹한 평가는 오히려 아인슈타인의 어머니에 의해서 격려로 변하였고, 이러한 격려에 힘입은 아인슈타인은 천재로 거듭나게 됩니다.

우리이 생활이 항상 격려의 생활이 될 때, 많은 사람들에게 훌륭한 역할을 감당하는 성과가 나타날 것입니다.

오늘도 서로를 격려함으로 힘겨운 삶을 능히 이기어가는 모두가 되시기를 바랍니다.

위로의 하나님

너희의 하나님이 이르시되 너희는 위로하라 내 백성을 위로하라 너희는 예루살렘의 마음에 닿도록 말하며 그것에게 외치라 그 노역의 때가 끝났고 그 죄악이 사함을 받았느니라 그의 모든 죄로 말미암아 여호와의 손에서 벌을 배나 받았느니라 할지니라 하시니라외치는 자의 소리여 이르되 너희는 광야에서 여호와의 길을 예비하라 사막에서 우리 하나님의 대로를 평탄하게 하라 골짜기마다 돋우어지며 산마다, 언덕마다 낮아지며 고르지 아니한 곳이 평탄하게 되며 험한 곳이 평지가 될 것이요 여호와의 영광이 나타나고 모든 육체가 그것을 함께 보리라 이는 여호와의 입이 말씀하셨느니라 말하는 자의 소리여 이르되 외치라 대답하되 내가 무엇이라 외치리이까 하니 이르되

모든 육체는 풀이요 그의 모든 아름다움은 들의 꽃과 같으니
풀은 마르고 꽃이 시듦은 여호와의 기운이 그 위에 붊이라 이
백성은 실로 풀이로다 풀은 마르고 꽃은 시드나 우리 하나님
의 말씀은 영원히 서리라 하라 아름다운 소식을 시온에 전하는
자여 너는 높은 산에 오르라 아름다운 소식을 예루살렘에 전하
는 자여 너는 힘써 소리를 높이라 두려워하지 말고 소리를 높
여 유다의 성읍들에게 이르기를 너희의 하나님을 보라 하라 보
라 주 여호와께서 장차 강한 자로 임하실 것이요 친히 그의 팔
로 다스리실 것이라 보라 상급이 그에게 있고 보응이 그의 앞
에 있으며 그는 목자 같이 양 떼를 먹이시며 어린 양을 그 팔
로 모아 품에 안으시며 젖먹이는 암컷들을 온순히 인도하시리
로다

우리가 믿는 하나님은 우리가 위로 받기를 원하십니다.

그런데 하나님은 위로를 하시되 어떻게 위로하십니까?

친히 우리를 찾아오심으로 위로하십니다.

사 40:5

"여호와의 영광이 나타나고 모든 육체가 그것을 함께 보리라"

이는 지극히 거룩하신 하나님이 직접 천한 인간을 찾아 오셔서 만나 주심으로 위로해 주신다는 말씀입니다.

우리는 욥의 이야기를 잘 알고 있습니다. 그는 하루아침에 모든 재산과 자녀를 잃고 온 몸에 극히 심한 질병까지 얻게 됩니다. 그 때, 그는 먼저 도움의 손길을 내밉니다. 누구에게 요청을 합니까?

자신을 가장 잘 이해한다고 생각한 아내에게 손을 내밀었습니다.

하지만 아내는 오히려 저주를 내리고 떠나가 버립니다.

그러자 욥은 눈을 돌려서 절친했던 친구들을 찾습니다. 그런데 그들은 갈갈이 찢긴 욥의 마음에 소금을 끼얹는 그런 말들만 했습니다. 이런 상황 가운데 놓이자 욥은 이 세상에 진정한 위로가 없음을 발견하게 됩니다.

욥기 23장에서 "아, 그분이 계신 곳을 알 수만 있다면, 그분의 보좌까지 내가 이를 수만 있다면.."하고 한탄하며 어떻게 하나님을 만날 수 있을까? 목말라 하고 있습니다.

그렇습니다. 사람들 사이에는 진정한 위로가 없습니다.

오직 하나님만 유일하고도 완전한 위로자가 되심을 믿으시기 바랍니다. 그래서 하나님이 우리를 찾아오셨습니다.

하나님은 우리를 위로하기 위해 2,000년 전, 육신을 입으시고 우리를 찾아오셨던 것입니다.

예수님이 오실 때에 사람들이 접근하기 어려운 호화롭고 직책이 높은 모습으로 찾아오시지 않고, 누구나 부담 없이 만날 수 있는 낮고 천한 모습으로 우리에게 찾아오셨습니다. 왜일까요? 위로해 주시기 위해서입니다.

그래서 예수님은 말씀하셨습니다. "수고하고 무거운 짐 진 자들아 다 내게로 오라 내가 너희를 쉬게 하리라…"

두번째로 우리 인생의 가장 근원적인 문제를 해결해 주심으로 우리를 위로해 주십니다.

사 40: 10절에서는 "보라 주 여호와께서 장차 강한 자로 임하실 것이요 친히 그 팔로 다스리실 것이라"

그 강한 자라는 의미는 세상의 힘과 권력을 가진 강한 자를 의미하는 것이 아니라 **인간의 영혼을 묶고 있는 죄와 사망의 결박을 깨뜨릴 수 있는 영적인 강함을 의미합니다.**

인간은 죄의 문제에서 해방되지 않는 한 진정한 위로받을 수 없습니다.

오늘날 왜 이토록 많은 사람들이 절망하고 우울증에 시달리며, 정신적인 황폐함을 경험하고 있습니까?

가장 근원적인 이유는 죄 때문입니다.

이 죄 문제가 해결되지 않으면 우리는 온전한 평안을 누릴 수가 없고, 자유롭게 될 수 없다는 것입니다.

그래서 예수님은 우리에게 찾아오셔서 만나는 것으로 끝나는 것이 아니라 이 죄와 사망의 결박을 깨뜨리시기 위해 강한 하나님으로 우리에게 찾아 오셨습니다.

죄의 문제를 해결하심으로 우리의 근원적인 문제를 위로하기 원하셨던 것입니다.

세번째로 예수님은 어떤 모습으로 우리를 위로하십니까?

"그는 목자같이 양 무리를 먹이시며 어린 양을 그 팔로 모아 품에 안으시며 젖먹이는 암컷들을 온순히 인도하시리로다"

예수님은 푸른 초장, 잔잔한 물가로 양같이 약한 우리를 인도하여 먹여주실 뿐만 아니라, 우리가 몸이 무겁고 지쳐서 따라가지 못할 때에도 우리를 보호하시고 인도하십니다.

인생을 깊이 묵상하기에 좋은 계절에 우리에게 풍성하게 다가오시는 하나님의 위로를 경험하시기를 주님의 이름으로 소망합니다.

11월의 시와 함께

당신이 감사하면

당신의 숨결마다에
감사의 좁이 있다면
세상의 악취는 물러갑니다

당신의 고동마다에
감사의 소리가 있다면
세상의 볼멘 소리는 물러갑니다

당신의 머무는 눈빛마다에
감사가 스며든다면
세상의 敵對는 물러갑니다

당신의 맴도는 귓전마다에
감사가 머무른다면
세상의 모함이 물러갑니다

당신의 손끝마다에
감사가 어우러진다면
세상의 찌들음이 물러갑니다

당신의 발자욱 마다에
감사가 채워진다면
세상에 사랑이 몰려옵니다

일어나 벧엘로 올라가라

본문 : 창세기 35:1~7

하나님이 야곱에게 이르시되 일어나 벧엘로 올라가서 거기 거주하며 네가 네 형 에서의 낯을 피하여 도망하던 때에 네게 나타났던 하나님께 거기서 제단을 쌓으라 하신지라 야곱이 이에 자기 집안 사람과 자기와 함께 한 모든 자에게 이르되 너희 중에 있는 이방 신상들을 버리고 자신을 정결하게 하고 너희들의 의복을 바꾸어 입으라 우리가 일어나 벧엘로 올라가자 내 환난 날에 내게 응답하시며 내가 가는 길에서 나와 함께 하신 하나님께 내가 거기서 제단을 쌓으려 하노라 하매 그들이 자기 손에 있는 모든 이방 신상들과 자기 귀에 있는 귀고리들을 야곱에게 주는 지라 야곱이 그것들을 세겜 근저 상수리나무 아래에 묻고 그들이 떠났으나 하나님이 그 사면 고을들로 크게 두려워하게 하셨으므로 야곱의 아들들을 추격하는 자가 없었더라 야곱과 그와 함께 한 모든 사람이 가나안 땅 루스 곧 벧엘에 이르고 그가 거기서 제단을 쌓고 그 곳을 엘벧엘이라 불렀으니 이는 그의 형의 낯을 피할 때에 하나님이 거기서 그에게 나타나셨음 이더라

요즘 사람들은 자기 몸을 엄청 깨끗하게 간수합니다. 조금만 더러워지면 씻고, 닦고, 매일 샤워를 합니다. 그런데 영혼이 더러워진 것은 모르고 있습니다.

그래서 할 수 없이 하나님께서 실력행사를 하십니다.

창세기 34장을 보십시오. 야곱이 신앙을 고치지 않고 세겜에 머무니까, 어떤 일이 일어났습니까?

야곱의 딸에게 불행한 일이 발생합니다.

야곱의 아들들은 누이동생이 당한 일이 너무나 억울해서 피의 복수를 합니다. **그러나 하나님이 원하신 것은 복수가 아닙니다. 신앙의 회복입니다.**

하나님께서 야곱에게 명령하신 것은 두 가지였습니다.

"일어나 벧엘로 올라가서 거기 거하며,

네가 네 형 에서의 낯을 피하여 도망하던 때에 네게 나타났던 하나님께 거기서 단을 쌓으라"

무엇보다도 문제가 생겼을 땐 먼저, **벧엘로 올라가야 합니다.**

즉, 성전으로 나오라는 뜻입니다.

세겜은 세속도시이고 벧엘은 하나님의 집, 즉 성전입니다.

이 당시에 야곱 가족은 세겜에 살고 있었습니다.

세겜은 불신앙과 우상의 처소입니다.

세겜은 물질적으로 번영했으나 신앙적으로는 타락한 도시입니다.

대개 이런 곳에 거주하는 사람들은 육신은 웰빙 하지만 정신은 타락해 있습니다.

가인이 세운 에녹 성이 그랬고, 바벨이 그랬고, 소돔과 고모라가 그랬습니다.

벧엘은 성전을 상징하지만, 거룩한 거주지를 의미하기도 합니다.

신앙생활 바로 하려면 성전으로 나오시기 바랍니다.

두번째로, 예배입니다. 신앙의 축복은 예배 생활을 바로 하는데서 시작됩니다.

야곱은 밧단아람에 가 있는 20년 동안 예배생활을 제대로 하지 못했습니다.

가나안으로 돌아온 후에도 예배 생활을 바로잡을 생각은 않고, 어떻게 하면 가축 떼를 불릴까 하는 생각만 했습니다.

하나님은 디나 사건을 통해서 야곱에게 경고하셨습니다.

"야곱아! 너는 지금 어디서 무엇을 하고 있느냐?

네가 20년 전에 약속한 대로, 먼저 벧엘에서 예배를 드려야 할 것 아니냐?" 삶에서 예배가 빠져 있습니다.

예배가 빠져 있으년 모든 삶이 어그러집니다. 삶을 바로잡으려면 먼저 예배 생활부터 바로잡으시기 바랍니다.

다음으로 말씀드릴 것은 예배의 준비입니다.

예배는 예배 시간만 중요한 것이 아니라, 준비하는 과정이 중요합니다.

야곱이 어떻게 예배드릴 준비를 했는지 보십시다.

"야곱이 이에 자기 집 사람과 자기와 함께한 모든 자에게 이르되 너희 중의 이방 신상을 버리고 자신을 정결케 하고 의복을 바꾸라. 우리가 일어나 벧엘로 올라가자"

야곱은 식구들에게 세 가지 명령을 내렸습니다.

첫째로, 이방 신상을 버려라!
야곱 가족은 그때까지 이방 신상을 가지고 있었습니다.

둘째로, 자신을 정결케 하라! 몸을 청결히 해야 합니다.

셋째로, 의복을 바꾸라!
더러운 옷을 깨끗한 옷으로 바꾸라는 뜻도 있지만, 우상 숭배에 사용하던 것들을 정리하라는 뜻도 있습니다.

야곱의 예배 준비를 한 마디로 표현하면 거룩함입니다.

최대한 정결한 모습으로 하나님 앞에 서는 것이 순서입니다. 하나님은 야곱의 예배를 흡족하게 받으셨습니다. 그리고 야곱의 예배를 통해서 커다란 축복을 내리셨습니다.

오늘 야곱처럼 세겜에서 벧엘로 올라오시기 바랍니다. 불신앙의 자리에서 하나님을 경배하는 예배자의 자리로 나오십시오.

일평생 예배생활을 통해서 축복을 이어가는 모두가 되시기를 주님의 이름으로 축원합니다.

흥하는 자와 쇠하는 자

사울의 집과 다윗의 집 사이에 전쟁이 오래매 다윗은 점점 강하여 가고 사울의 집은 점점 약하여 가니라 사무엘하 3장 1절은 "사울의 집과 다윗의 집 사이에 전쟁이 오래매 다윗은 점점 강하여 가고 사울의 집은 점점 약하여 가니라"라고 기록하고 있습니다.

본문을 중심으로 다윗의 흥함과 사울의 쇠하게 된 원인을 비교하며 은혜를 나누고자 합니다.

첫째로, 다윗은 겸손했고, 사울은 교만했습니다.

한번은 법궤를 빼앗겼다가 다시 찾아올 때에 다윗은 왕의 체면 같은 것은 생각지도 않고, 힘을 다하여 기뻐 춤을 추며 환영합니다.

이때에 사울의 딸 미갈이 "**방탕한 자가 염치없이 자기의 몸을 드러내는 것같이 그 심복의 계집종의 눈 앞에서 몸을 드러내었도다**"하고 비웃을 때에 다윗은 '**이는 여호와 앞에서 한 것이니라 … 내가 이보다 더 낮아져서 스스로 천하게 보일지라도 …**' 라고 했습니다.

다윗은 마음이 겸손하고 부드러웠습니다. 그러나 사울 왕은 처음에는 겸손했으나 왕이 된 뒤에는 교만하고 완악해져서 누구의 말도 듣지 않았습니다. 다윗은 무명의 선지자 나단의 말을 듣고도 회개했는데, 바울은 대선지자 사무엘의 간곡한 권면을 듣고도 고집을 부리고 변명합니다.

그래서 삼상 15:23에서 "**거역하는 것은 사술의 죄와 같고 완고한 것은 사신 우상에게 절하는 죄와 같음이라 왕이 여호와의 말씀을 버렸으므로 여호와께서도 왕을 버려 왕이 되지 못하게 하셨나이다**"하는 무서운 선언을 듣게 됩니다.

둘째로 다윗은 용서의 사람이었고, 사울은 복수심에 찬 사람이었습니다.

다윗의 마음은 남의 잘못을 잘 용서하는 사람이었습니다.

아들 압살롬은 반역하여 왕위를 빼앗고 아버지를 죽이려한 불효막심한 아들이었지만, 전쟁터에서 죽었다는 소식을 듣고 그는 대성통곡을 합니다.

아무리 자식이지만 그리하기란 쉬운 일이 아닙니다.

반면에 사울은 마음이 좁고 완악하여 걸핏하면 사람을 파리 목숨처럼 죽이고 심지어 하나님의 종인 제사장까지 몰살시킵니다. 자기 아들 요나단까지도 자기 말대로 안했다고 칼로 쳐 죽일 뻔했습니다.

그러므로 용서의 사람 다윗은 점점 흥하여 가고, 복수의 사람 사울은 점점 쇠약해져 갔습니다.

그리스도인이란 완전히 의로운 사람이 아니라 죄인임에도 불구하고 용서받은 자임을 기억해야 합니다. 그리고 자신이 값없이 용서받았듯이 다른 사람도 용서해야 할 마땅한 의무가 있는 사람이라는 사실을 잊지 말아야 합니다.

셋째로 다윗은 하나님이 함께 하셨고, 사울은 하나님이 떠난 사람입니다.

아마도 이것이 가장 큰 원인일 것입니다.

삼하 5:10에 "만군의 하나님 여호와께서 함께 하시니 다윗이 점점 강성하여 가니라" 라고 기록되어 있습니다.

소년 다윗이 적장 골리앗을 쳐부순 것도 그 물맷돌이 좋아서가 아닙니다.

오직 하나님의 영광을 위하여 담대히 나섰던 다윗에게 하나님이 함께 하셨기 때문입니다.

삼하 7:9에도 "네가 어디로 가든지 내가 너와 함께 있어 네 모든 대적을 네 앞에서 멸하였은즉 세상에서 존귀한 자의 이름 같이 네 이름을 존귀케 만들어 주리라"고 말씀한대로 그는 존귀해지고 강성해졌습니다.

그러나 사울은 하나님의 말씀에 불순종하고, 하나님의 종의 말씀을 귀담아 듣지 않고 회개치 않으므로 결국, 하나님이 버리시고 떠나 버렸습니다.

성도 여러분, **항상 겸손한 사람이 되시며 복수가 아니라 용서하는 사람이 되십시오.**

또한 하나님이 함께 하시는 사람이 되어 점점 흥왕해 가는 역사가 있기를 축원합니다.

주님의 때

예수께서 즉시 제자들을 재촉하사 자기가 무리를 보내는 동안에 배 타고 앞서 건너편 벳새다로 가게 하시고 무리를 작별하신 후에 기도하러 산으로 가시니라 저물매 배는 바다 가운데 있고 예수께서는 홀로 뭍에 계시다가 바람이 거스르므로 제자들이 힘겹게 노 젓는 것을 보시고 밤 사경쯤에 바다 위로 걸어서 그들에게 오사 지나가려고 하시매 제자들이 그가 바다 위로 걸어 오심을 보고 유령인가 하여 소리 지르니 그들이 다 예수를 보고 놀람이라 이에 예수께서 곧 그들에게 말씀하여 이르시되 안심하라 내니 두려워하지 말라 하시고 배에 올라 그들에게 가시니 바람이 그치는 지라 제자들이 마음에 심히 놀라니 이는 그들이 그 떡 떼시던 일을 깨닫지 못하고 도리어 그 마음이 둔하여 졌음 이러라 주님은 우리에게 가장 필요한 때, 찾아오십니다.

마가복음 6장 45절 이하에 보면 풍랑을 만난 제자들의 모습이 등장합니다.

48절을 보면 ˝바람이 거스르므로 제자들이 힘겹게 노 젓는 것을 보시고 밤 사경쯤에 바다 위로 걸어서 그들에게 오사 지나가려고 하시매˝라고 말씀하십니다.

밤 사경쯤 제자들에게 찾아오셨습니다.

당시 이스라엘에서는 밤 시간을 4등분으로 나누어서 생각했습니다. 저녁 6시부터 9시까지 3시간을 초경이라고 불렀습니다. 4경은 새벽 3시부터 6시까지입니다.

그러니까 제자들은 바다 한 가운데서 큰 풍랑을 만났던 해 저무는 시간부터 '밤 사경쯤'인 새벽녘까지, 풍랑 때문에 고생을 한 것입니다.

그들은 밤새도록 그들이 할 수 있는 모든 수단과 방법을 동원하여 풍랑과 싸웠을 것입니다.

그러다가 아무리 해도 풍랑을 헤치고 바다 건너편으로 갈 수 없다는 사실을 깨닫고 모든 것을 포기했습니다. 그런데 주님께서는 처음 풍랑이 일었을 때 오시지 않고, 밤 사경쯤에 바다 위를 걸어서 그들에게 오신 것입니다.

여기에서 우리가 알 수 있는 것이 있습니다.

우리가 주님께 도움을 요청하는 시간과 주님께서 우리에게 오시는 시간에 차이가 있을 수 있다는 것입니다.

그런데 우리는 얼마나 성질이 급합니까?

우리는 주님께서 즉시 응답을 해주시지 않으면 금방 실망하곤 합니다.

"한국인의 급한 성질 BesT 101"이라는 제목의 글을 읽은 적이 있습니다.

그 중에 몇 가지만 보면.

첫째로 외국인은 자판기의 커피가 다 나온 후, 불이 꺼지면 컵을 꺼낸다. 그러나 한국인은 자판기 커피를 눌러놓고, 컵 나오는 곳에 손 넣고 기다린다. 그러다가 가끔 튀는 커피에 손을 데기도 한다.

둘째로 외국인은 사탕을 쪽쪽 빨아먹는다. 그러나 한국인은 사탕 깨물어 먹다가 이빨 부러진다.

셋째로 외국인은 아이스크림은 혀로 핥으며 천천히 먹는다. 그러나 한국인은 아이스크림은 베어 먹어야지 핥아먹다간 벌떡증 걸린다. 때때로 한입에 왕창 먹다가 순간적인 두통에 머리를 감싸고 괴로워할 때도 있다.

넷째로 외국인은 "야구는 9회말 2사부터 힘내라 우리편!" 하면서 끝까지 응원한다. 그러나 한국인은 "다 끝났네, 나가자."라고 말하며 9회말 2사 쯤이면 관중이 반으로 줄어있다.

언급되어 있는 네 가지에 대해 한국인이라면 어느 정도 공감할 수 있는 이야기입니다.

그러나 기억하십시오. 우리가 주님께 "지금, 도와주십시오!"라고 간청해도, 주님께서는 "아직 때가 되지 않았다"라고 말씀하실 때가 있다는 사실입니다.

주님께서는 우리에게 가장 합당한 때를 우리보다 더 잘 아십니다.

여러분, "주님, 지금 도와주셔야 합니다. 지금 응답해주셔야 합니다."라고 기도했는데도,

주님으로부터 아무런 응답이 없다고 실망하고 계십니까?

그러나 기억하십시오. 주님은 구경만 하시는 분이 아닙니다.

주님은 우리에게 가장 필요한 때를 아시는 줄로 믿습니다.

그리고 가장 합당한 때, 오셔서 역사하실 줄로 믿습니다.

그러므로 믿음으로 조금만 더 인내하시기 바랍니다.

우리의 시간표에 따라 주님께서 역사하지 않으신다고 실망하지 말고, 우리에게 가장 합당한 때 주님께서 역사하신다는 사실을 믿고 믿음으로 기다리시기를 바랍니다.

승리하는 비결

이스라엘이 다윗에게 기름을 부어 이스라엘 왕으로 삼았다함을
블레셋 사람들이 듣고 블레셋 사람들이 다윗을 찾으러 다 올라
오매 다윗이 듣고 요새로 나가니라 블레셋 사람들이 이미 이르
러 르바임 골짜기에 가득한지라 다윗이 여호와께 여쭈어 이르
되 내가 블레셋 사람에게로 올라가리이까 여호와께서 그들을
내 손에 넘기시겠나이까 하니 여호와께서 다윗에게 말씀하시되
올라가라 내가 반드시 블레셋 사람을 네 손에 넘기리라 하신지
라 다윗이 바알브라심에 이르러 거기서 그들을 치고 다윗이
말하되 여호와께서 물을 흩음같이 내 앞에서 내 대적을 흩으셨
다 하므로 그 곳 이름을 바알브라심이라 부르니라 거기서 블레
셋 사람들이 그들의 우상을 버렸으므로 다윗과 그의 부하들이
치우니라 블레셋 사람들이 다시 올라와서 르바임 골짜기에 가
득한지라 다윗이 여호와께 여쭈니 이르시되 올라가지 말고 그
들 뒤로 돌아서 뽕나무 수풀 맞은편에서 그들을 기습하되 뽕나
무 꼭대기에서 걸음 걷는 소리가 들리거든 곧 공격하라 그 때
에 여호와가 너보다 앞서 나아가서 블레셋 군대를 치리라 하신
지라 이에 다윗이 여호와의 명령대로 행하여 블레셋 사람을 쳐
서 게바에서 게셀까지 이르니라

사무엘하 5장 17절 이하를 보면 다윗이 이스라엘의 왕이 된 후 블레셋과의 전투에서 승리하는 장면이 나옵니다.

본문을 통해서 승리하는 비결을 살펴보도록 하겠습니다.

우선 과거를 잘 정리해야 합니다.

한번은 다윗이 왕이 된 후 그 소식을 듣고 수많은 블레셋 군사들이 다윗을 찾으러 올라왔습니다.

여기에서 **"다윗을 찾으러 올라왔다"**는 말은 다윗을 공격하러 왔다는 말입니다.

아마도 다윗을 배반자로 여기고 공격하러 왔을 것입니다.

다윗은 사울에게 쫓길 때 블레셋으로 피신 가서 가드 왕 아기스 앞에서 미친 척 하면서 목숨을 부지한 적이 있었습니다. 그런 과거를 생각하면서 블레셋 사람들은 다윗에 대해 비하하는 마음이 있었을 것입니다.

또한 우습게 여기는 마음도 있었을 것입니다. 바로 그런 마음을 가지고 군사를 몰고 왔기에 다윗의 군사에게 대패하게 되었습니다. 과거의 승리에 대해서 도취했던 것이 바로 패배의 가장 중요한 원인이었습니다.

많은 사람들이 **과거에 "내가 이렇게 잘 살았다"**는 자랑을 하곤합니다. 그런데 그것이 지나쳐서 과거 승리의 집착하며 산다면 그것은 결코 바람직한 모습이 아닙니다.

심지어 어떤 분은 유치원 때 1등한 것을 자랑합니다.

그 자랑을 들어보면 "저분은 지금 현재의 삶의 내용이 내세울 것이 없구나!"하는 마음이 듭니다.

과거에 집착하면 우리는 앞날을 향해 힘차게 나아갈 수 없습니다. 지금 이 시간이 불행과 상처와 수치를 닻줄을 끊는 시간이 되기를 바랍니다.

둘째로 하나님의 뜻대로 살아야 합니다.

블레셋의 공격 소식을 듣고 다윗은 요새로 나가 하나님께 물었습니다.

하나님 말씀대로 나가 블레셋 군대를 철저히 궤멸시킵니다.

다윗은 중요한 순간마다 철저히 하나님의 뜻을 묻고 행했습니다.

이처럼 항상 하나님의 뜻을 앞세우며 사는 삶이 승리의 제일 비결입니다.

로마서 8장 28절에는 "우리가 알거니와 하나님을 사랑하는 자 곧 그 뜻대로 부르심을 입은 자들에게는 모든 것이 합력하여 선을 이루느니라."

이 말씀은 아무에게나 모든 것이 합력하여 선을 이룬다는 말씀이 아닙니다. 하나님의 뜻대로 사는 자에게는 모든 것이 합력하여 선을 이룬다는 말씀입니다.

세번째로 자만하지 말아야 합니다.

전혀 생각지 않게 다윗 군사들에게 대패한 블레셋 사람들은 다시 전열을 정비해서 르바임 골짜기로 쳐들어 왔습니다.

그때 다윗은 어떻게 반응합니까?

첫 번째 대승으로 자만해서 처음처럼 군사를 몰고 정면공격을 했습니까?

아닙니다. 다시 하나님께 지혜를 구하고, 이번에는 직접 올라가지 않고 뒤로 돌아가 매복 작전을 펴서 블레셋 사람들을 쳐서 다시 한번 대승을 거둡니다.

고린도전서 10장 12절에는 "선 줄로 생각하는 자는 넘어질까 조심하라!"고 했습니다.

우리가 잘 아는 바와 같이 이스라엘 백성들은 기적적으로 여리고 성을 무너뜨리고 그 다음으로 공격했던 곳이 바로 아이 성이었습니다. 그런데 그들은 아이 성 전투를 앞두고, 그들은 자만에 빠졌습니다.

"견고한 여리고 성도 무너뜨렸는데, 아이 성 같은 보잘것없는 성은 문제도 아니다."

그런 자만심으로 공격했다가 아이 성 전투에서 패배하게 됩니다.

하나님께서 왜 가끔 문제를 주십니까?

자만하지 말고 기도하라는 뜻인 줄 믿습니다. 중요한 것은 언제 어디서나 자만하지 말고 겸손하게 사는 것입니다. 그처럼 겸손한 심령에게는 반드시 최후 승리가 있게 될 것입니다.

12월의 시와 함께

←· 성도가 피할 것

←· 성도가 추구해야 할 것

←· 기내 밖으로 일이 흐를 때

←· 격려의 사람

←· 겸손한 자에게 임하시는 은혜

어찌할 수 없어서

어찌할 수 없어서 였습니다
그러나 핑계치 않게 하시고
먼저 무릎을 꿇게 하옵소서

어찌할 수 없어서 였습니다
그러나 변명치 않게 하시고
먼저 나를 고백하게 하옵소서

어찌할 수 없어서 였습니다
그러나 다른 언어를 잘라 주시고
오직 용서를 구하게 하옵소서

그보다는 어찌할 수 없어서 였다
하지 않게 하옵소서
무엇보다
주를 향한 先行의 용기를
소유하게 하옵소서.

성도가 피할 것

본문 : 요한복음 5:1~9

그 후에 유대인의 명절이 되어 예수께서 예루살렘에 올라가시
니라 예루살렘에 있는 양문 곁에 히브리말로 베데스다라 하는
못이 있는데 거기 행각 다섯이있고 그 안에 많은 병자, 맹인,
다리 저는 사람, 혈기 마른 사람들이 누워 물의 움직임을 기다
리니 이는 천사가 가끔 못에 내려와 물을 움직이게 하는데 움
직인 후에 먼저 들어가는 자는 어떤 병에 걸렸든지 낫게 됨이
러라 거기 서른 여덟 해 된 병자가 있더라 예수께서 그 누운
것을 보시고 병이 벌써 오래된 줄 아시고 이르시되 네가 낫고
자 하느냐 병자가 대답하되 주여 물이 움직일 때에 나를 못에
넣어 주는 사람이 없어 내가 가는 동안에 다른 사람이 먼저 내
려가나이다 예수께서 이르시되 일어나 네 자리를 들고 걸어가
라 하시니 그 사람이 곧 나아서 자리를 들고 걸어가니라 이 날
은 안식일이니

2차 세계대전 후, 전쟁이 끝났지만 여전히 남태평양의 산과 정글에는 많은 일본 군인들이 항복하지 않고 숨어 있었습니다.

1974년 3월에 한 일본 군인이 29년 만에 정글에서 나왔습니다.

기자가 그 60대 병사에게 왜 그토록 오래 숨어 있었느냐고 묻자 그는 두려워서 그랬다고 말했습니다. 그는 내부의 적인 두려움에 사로잡혀서 29년의 세월을 낭비한 것입니다.

그처럼 두려움에 사로잡혀 정신적인 노예생활을 하는 현대인들이 많습니다. 어떻게 정신적인 노예생활에서 벗어나 대 자유인의 삶을 살 수 있을까요?

이를 위해서는 성도가 피해야 할 것과 추구해야 할 것이 있습니다.

이 시간에는 성도가 피해야할 것에 대해 말씀드리고자 합니다.

요한복음 5장에는 베데스다 연못가에 있던 38년 된 병자가 치유되는 기적이 나와 있습니다.

이 장면은 마음과 육신의 병을 치유하기 위해 무엇이 필요한지를 교훈해 주십니다. 먼저 우리가 피해야 할 것이 무엇이겠습니까?

첫째로 미신적인 삶입니다.

어느 날, 예수님이 베데스다라는 못을 지나가게 되었습니다.

당시 베데스다 못에는 천사가 가끔 내려와 물을 동하게 할 때 가장 먼저 못에 들어가는 사람은 치유된다는 전설 때문에 수많은 병자들이 모여 있었습니다.

그런 미신에 희망을 걸고 정작 낫지도 못한 채 수년, 수십 년 동안 그곳에 머물고 있습니다.

예수님이 "일어나 네 자리를 들고 걸어가라."고 하신 것은 "이제 미신의 대상인 베데스다를 떠나라!"는 말씀입니다.

바로 그때 그에게 치유의 역사가 일어났습니다.

결국 **그를 치유한 것은 베데스다 물이 아니라 행동하는 믿음이었습니다.**

신앙생활에서 미신적인 요소를 버리지 않으면 고질병과 문제와 시험은 계속됩니다.

둘째로 포기하는 삶입니다.

주님께서 38년 된 병자에게 **"네가 낫고자 하느냐?"**고 물었습니다. 병자가 낫고자 하는 것은 당연한데 왜 주님은 그런 이상한 질문을 하셨을까요?

주님은 병자의 마음속에 새로운 의지와 소망을 불러일으키려고 그 질문을 하신 것입니다. 사람들은 처음에 병들면 다 낫겠다고 의지와 소망을 가지다가 병이 길어지면 점점 "이제 안 돼!"라고 포기합니다.

가족들도 처음에는 병문안을 자주 다니며 치유를 소망하지만 병수발이 길어지면 마음속 깊은 곳에 "차라리 가셨으면 좋겠다!"고 생각합니다.

그런 포기와 체념을 극복해야 치유 받을 수 있기에 주님은
"네가 낫고자 하느냐?"는 질문으로 병자의 의지를 일깨운 것입니다.

이제 내게는 항상 더 나은 세계가 준비되어 있음을 알고 그 세계로 나가겠다는 꿈을 포기하지 마십시오.

그 믿음이 치유의 은혜를 증폭시킵니다.

셋째로 변명하는 삶입니다

"병자가 대답하되 주여 물이 동할 때에 나를 못에 넣어줄 사람이 없어 내가 가는 동안에 다른 사람이 먼저 내려가나이다."

이 구절을 보면 병자는 "네가 낫고자 하느냐?"는 주님의 질문에 대답을 하지 않고 자기 처지를 불평하며 "남 때문에 내가 이렇게 되었습니다."라고 변명합니다.

그런 지나친 피해의식을 버려야 합니다.

피해의식을 가지면 자기가 받은 피해만 뚜렷이 기억하고, 남을 잘 용서하지 못하기에 항상 인간관계에서 어려움을 겪습니다.

그런 변명이 없어야 변화가 있습니다.

변명하는 습성을 깨뜨리지 않으면 결코 변화와 치유의 역사는 나타나지 않습니다.

죄와 잘못과 부족함을 인정하고 진정으로 회개할 때 변화와 치유는 나타날 것입니다.

성도가 추구해야 할 것

그 후에 유대인의 명절이 되어 예수께서 예루살렘에 올라가시니라 예루살렘에 있는 양문 곁에 히브리말로 베데스다라 하는 못이 있는데 거기 행각 다섯이 있고 그 안에 많은 병자, 맹인, 다리 저는 사람, 혈기 마른 사람들이 누워 물의 움직임을 기다리니 이는 천사가 가끔 못에 내려와 물을 움직이게 하는데 움직인 후에 먼저 들어가는 자는 어떤 병에 걸렸든지 낫게 됨이러라 거기 서른여덟 해 된 병자가 있더라 예수께서 그 누운 것을 보시고 병이 벌써 오래된 줄 아시고 이르시되 네가 낫고자 하느냐 병자가 대답하되 주여 물이 움직일 때에 나를 못에 넣어 주는 사람이 없어 내가 가는 동안에 다른 사람이 먼저 내려가나이다 예수께서 이르시되 일어나 네 자리를 들고 걸어가라 하시니 그 사람이 곧 나아서 자리를 들고 걸어 가니라 이 날은 안식일이니 치유를 위해 피해야 할 것으로 미신적인 삶, 포기하는 삶, 변명하는 삶의 3가지를 들었는데 반대로 치유를 위해 추구해야 할 것은 어떤 삶이겠습니까?

첫째로 감사하는 삶입니다.

베데스다 연못가에 38년된 병자에게 주님은 왜 "자리를 들고 걸어가라."고 하셨을까요?

그것은 은혜 받은 자리를 항상 기억하면서 감사하며 살라는 뜻이 담겨 있습니다.

성도는 감사를 체질화시켜야 합니다. 불평과 원망과 미움은 병드는 지름길이지만 감사와 용서는 치유 받는 지름길입니다.

하나님이 범사에 감사하라고 하신 것은 결국 우리의 건강을 위해 주신 명령입니다.

이제 내 주위에서 감사할 것을 계속 찾아보십시오. 그러면 의외로 감사할 것이 많습니다.

불평거리가 자세히 뜯어보면 감사의 제목입니다.

감사는 감격을 부르고 하나님의 마음을 움직입니다.

감사하기 힘들 때도 감사하면 성령의 감동이 주어집니다.

둘째로 순종하는 삶입니다.

38년 된 병자는 주님 말씀대로 순종해서 병이 나은 것을 봅니다. 순종은 치유의 징조이고 성숙함의 씨앗입니다.

내게 순종의 영성이 충만하다면 치유의 역사는 곧 문 앞에 도달했다고 보면 틀림없습니다.

하나님은 성도의 불순종을 가장 싫어하십니다.

원래 사람은 창조될 때부터 하나님 말씀에 순종하도록 창조되었습니다. 그런데 하나님의 말씀에 불순종하고 하나님의 질서를 깨뜨렸기 때문에 죽음과 병이 생긴 것입니다. 어떻게 사람의 영혼이 질서 안에 있는 상태로 돌아와 회복될 수 있습니까?

하나님 말씀에 철저히 순종하면 됩니다.

셋째로 거룩한 삶입니다.

주님은 38년 된 병자가 나은 후에 뭐라고 말합니까?

"더 심한 것이 생기지 않게 다시는 죄를 범치 말라."

결국 그의 38년 된 고질병은 죄 때문에 생긴 병이었습니다.

그러므로 거룩한 삶을 살수록 치유의 능력은 현저하게 커집니다.

이런 간증을 들은 적이 있습니다.

어떤 집사가 계룡산을 갔다 온 후 말세의 종이라는 사람을 통해 하늘의 비밀과 계시를 전수받았다면서 교회에 돌아와 밤낮 금식을 했습니다. 어느 날 그 집사에게 계시가 들려왔습니다.

"네 아내와 살지 말라!" 그런 음성은 금방 잘못된 음성임을 알 수 있습니다.

그런데 그런 잘못된 음성을 듣고 별거한 후 40일 금식기도를 하다가 39일째 세상을 떠났습니다.

성경은 그런 영적 영웅심을 전혀 지지하지 않습니다.

신령하다는 것은 신기하거나 괴상한 것이 아닙니다.

천로역정을 보면 '진실과 충성'이란 뜻을 가진 진충 씨가 여행을 거의 마치고 말했습니다.

"저는 저의 상처와 흔적을 주님을 사랑한 증거로서 제게 상급주실 그분께 가져가겠습니다."
실생활에서 예수님의 흔적을 가지고 지극히 정상적으로 하나님의 기뻐하시는 삶을 사는 것이 신령한 삶입니다.

사도 바울은 갈 6장 17절 말씀에서 "내 몸에 예수의 흔적을 가졌노라!"고 했습니다.
우리에게도 그런 고백이 있어야 합니다.
"하나님! 저의 언어 속에 예수님의 향기가 느껴지게 하시고, 저의 눈동자가 예수님처럼 따뜻한 눈동자가 되게 하소서! 하나님! 제게도 주님의 흔적이 있게 하소서. 그래서 항상 주님처럼 온유하고 겸손하게 하소서!"

항상 주님을 믿는 굳건한 믿음으로 변화와 치유의 주인공이 되기를 바랍니다.

기대 밖으로 일이 흐를 때

여호와께서 아브람에게 이르시되 너는 너의 고향과 친척과 아버지의 집을 떠나 내가 네게 보여 줄 땅으로 가라 내가 너로 큰 민족을 이루고 네게 복을 주어 네 이름을 창대하게 하리니 너는 복이 될지라 얼굴이 아무리 봐도 개성 있게 생긴 어느 여자집사님이 자기 얼굴에 한이 맺혀서 하나님께 기도했습니다.

"하나님 제가 성형수술을 하고 싶은데, 해도 되겠습니까?"

그랬더니 하나님께서 즉각 응답을 하셨습니다.

"그래 오죽하면 그러겠냐? 성형수술을 해라."

그래서 그 집사님은 곧바로 병원에 가서 무리를 해서 다 뜯어 고치는 엄청난 공사를 했습니다.

수술을 마치고 거울에 비추어진 자신의 얼굴 모습이 너무 너무 달라 보입니다.

자기가 봐도 너무나 예쁜 겁니다.

"이제는 밖에 나가면 얼굴가지고 어느 누구로부터도 괄시를 받지 않겠지?"

속으로 생각하고 자신 만만하게 퇴원해서 집으로 가는 도중에 횡단보도를 건너는 순간, 달려오던 자동차에 치어 그만 죽고 말았습니다.

그 집사님이 천국에 도착하자마자 하나님께 따집니다.

"하나님, 세상에 그렇게 비싼 돈 들여서 수술해 놓으니까, 집에 가기도 전에 천국으로 불러들이는 법이 어디 있습니까? 그럴 것 같으면 차라리 수술하지 말라고 하시지, 왜 수술하라고 말씀하시고는 수술을 마치자마자 천국으로 데리고 오십니까?"

그 집사님의 이야기를 가만히 들으시던 하나님께서

"네가 하도 많이 고쳐버려 나도 넌 줄 몰랐다."

물론 웃으라고 만든 유머이지만, 이 이야기처럼 우리의 기대와는 전혀 다르게 일이 진행될 때가 있습니다.

한 때 아브라함의 삶이 바로 그러한 삶이었습니다.

어느 날 아브라함은 하나님으로부터 "너는 너의 본토 아비 집을 떠나 내가 네게 지시할 땅으로 가라 내가 너로 큰 민족을 이루고 네게 복을 주어 네 이름을 창대케 하리니, 너는 복의 근원이 될찌라"는 말씀을 들었습니다.

아브라함은 그 약속의 말씀을 붙들고 정든 고향으로부터 멀리 떨어진 가나안 땅을 향해 갑니다.

아마 고향을 떠날 때 그의 마음에는 가나안에서 누리게 될 풍성한 복과 미래에 대한 기대와 설렘이 있었을 것입니다.

그런데 막상 약속의 땅인 가나안 땅에 도착했지만, 어느 누구도 그의 가족을 환영해주지 않았습니다.

도착한 가나안 땅에 먹을 것과 마실 것이 충분한 것도 아닙니다.

창세기 12장 10절을 보면, 아브라함이 도착한 그 땅에 대한 상황이 잘 묘사 되어 있습니다.

"그 땅에 기근이 들었으므로 아브람이 애굽에 거류하려고 그리로 내려갔으니, 이는 그 땅에 기근이 심하였음이라."

우리의 기대대로 라면, 가나안에는 먹을 것과 마실 것이 풍부해야 맞는 이야기입니다. 그래야 간증이 됩니다.

믿음을 가지고 하나님 말씀에 순종했기 때문에, 이주해 간 가나안에는 갈대아 우르에서보다 땅은 기름지고 넓은 푸른 초장이 펼쳐져야 우리의 기대에 맞는 스토리가 됩니다.

　그런데 아브라함이 도착한 그 땅에는 철썩 같이 약속한 축복은 고사하고 심한 기근이 들었습니다.

　이처럼 우리가 하나님 말씀에 순종했음에도 불구하고, 복은 커녕 오히려 더 큰 어려움을 만날 때가 있습니다.

　그럼에도 불구하고 주님은 우리의 형편을 알고 계신다는 것과 모든 문제를 해결해 주신다는 믿음을 가져야 합니다.

　아브라함은 끝까지 믿음을 붙잡고 나아갔을 때

　히브리서 11장 12절은 최상의 열매를 기록하고 있습니다.

　"이러므로 죽은 자와 같은 한 사람으로 말미암아 하늘의 허다한 별과 또 해변의 무수한 모래와 같이 많은 후손이 생육하였느니라" 아멘~!

격려의 사람

그러므로 너희는 가서 모든 민족을 제자로 삼아 아버지와 아들
과 성령의 이름으로 세례를 베풀고 내가 너희에게 분부한 모든
것을 가르쳐 지키게 하라 볼지어다 내가 세상 끝날까지 너희와
항상 함께 있으리라 하시니라

기독교 역사상 또 한 분의 위대한 격려자가 있었다면 사도 바울입니다. 그의 서신서는 격려의 메시지로 가득 차 있습니다.

중요한 이유는 그의 인생에서 바나바를 만난 때문입니다.

바나바로부터 격려를 받았던 바울은 이런 격려를 받았기에 또한 격려의 사람일 수가 있었습니다. 격려 받아본 자가 격려 할 수 있었던 것입니다.

우리는 격려하며 이 세대를 승리로 이끄는 주인공들이 되시기를 원합니다.

과거 미국의 루스벨트 대통령은 젊은 시절, 소아마비를 앓았습니다. 그에게는 너무나 큰 시련이어서 깊은 절망감에 빠진 그는 자신의 방에만 갇혀 있곤 했습니다.

그러던 어느 날, 며칠 동안 내리던 비가 그치고 하늘이 맑게개었는데 루스벨트는 아내 엘레나의 권유로 휠체어를 타고 정원으로 산책을 하게 되었습니다.

하늘은 더없이 맑았고 정원에는 꽃향기가 물씬 풍깁니다. 그는 오랜만에 마음이 즐거워졌습니다. 그때 엘레나가 다정하게 말합니다.

"비가 오거나 흐린 날 뒤에는 꼭 이렇게 맑은 날이 오지요. 당신도 마찬가지예요. 당신은 뜻하지 않은 사고로 다리가 불편해졌지만, 그렇다고 당신 자신이 달라진 건 아무것도 없어요. 지금의 이 시련은 더 겸손하게 맡은 일을 열심히 하라는 하나님의 뜻일 거예요. 여보, 우리 조금만 더 힘을 내요."

"하지만 나는 불구자인데… 그래서 당신을 더 많이 힘들게 할 텐데,

그래도 당신은 날 사랑한단 말이오?"

루스벨트가 우울한 목소리로 묻자, 엘레나는 그의 손을 꼭 잡으며 대답합니다.

"무슨 그런 섭섭한 말을 해요? 그럼 내가 그 동안 당신의 다리만 사랑했단 말인가요?"

이 말은 열등의식과 패배감에 사로잡혀 있던 루스벨트에게 새로운 용기를 불어 넣었습니다.

그 뒤 아내의 말에 힘입은 루스벨트는 불구를 극복하고 예전보다 더 왕성한 활동으로 미국의 대통령에 연속해서 네 번이나 당선이 되었습니다.

이것이 바로 격려의 힘인 것입니다.

격려에는 좌절한 사람에게 용기를 주는 힘이 있고, 절망한 사람에게 새로운 희망을 주는 능력이 숨어 있습니다.

바라기는 우리 모두가 엘레나처럼 격려하는 사람들이 되시기를 소원합니다.

다른 사람의 단점을 동네방네 떠들고 다니며 흉을 보기보다는, 다른 사람을 위로하고 격려하고 세워주는 저와 여러분들이 되시기를 바랍니다.

사랑하는 성도 여러분!

아프리카 선교의 아버지라고 불리 우는 리빙스턴에 대한 이야기를 소개하고 말씀을 맺겠습니다.

리빙스턴이 16년간 아프리카에서 고독과 싸우다가 고국에 돌아왔을 때, 자기 고향에 있는 글래스고우 대학에서 특강을 했습니다.

그 때 한 학생이 "그렇게 고생스럽고 고독한 환경에서 어떻게 16년간을 살 수 있었습니까?"라고 질문을 했습니다.

리빙스턴은 서슴지 않고 이렇게 대답 합니다.

주님의 두 마디 약속이 나로 하여금 신음이나 불평 대신 찬송을 부르며 승리하게 하였습니다.

즉 첫 번째 약속은 '내가 너희를 고아와 같이 버려두지 아니하고' 라는 말씀입니다.

그리고 두 번째 약속은 '내가 세상 끝 날까지 항상 너희와 함께 있으리라' 는 말씀이었습니다.

맞습니다. 주님은 절대로, 우리를 고아와 같이 버려두지 않으시는 줄로 믿습니다.

주님은 세상 끝 날까지 우리와 항상 함께 하시는 줄로 믿습니다.

주님으로부터 격려를 받고, 서로 격려하며 험란한 세대를 이기어 가는 모두가 되시기를 주님의 이름으로 축원합니다.

겸손한 자에게 임하시는 은혜

여호와께서는 영원무궁하도록 왕이시니 이방 나라들이 주의 땅
에서 멸망하였나이다 여호와여 주는 겸손한 자의 소원을 들으
셨사오니 그들의 마음을 준비하시며 귀를 기울여 들으시고 고
아와 압제 당하는 자를 위하여 심판하사 세상에 속한 자가 다
시는 위협하지 못하게 하시리이다

성경 안에는 '겸손'이라는 말이 수없이 기록되어 있습니다.

야고보서 4:6에 보면 "하나님이 교만한 자를 물리치시고, 겸손한 자에게 은혜를 주신다 하였느니라."고 말씀했습니다.

예수님께서는 "나는 마음이 온유하고 겸손하니, 나의 멍에를 메고 내게 배우라."라고 말씀했습니다.

바로 겸손은 예수님의 성품입니다.

히브리어에 보면 겸손은 '자기를 낮춘다'라는 뜻입니다.

하나님은 낮아지는 자를 높여주십니다.

또한 주님은 겸손한 자를 존귀하게 해주십니다. 잠언서 15장 33절에서 "겸손은 존귀의 앞잡이니라."라고 말씀하십니다.

존귀하게 되는 비결은 겸손한데 있습니다.

사람이 스스로 높은 체 하고, 또 자기 수단과 방법을 가지고 올라가도 주님께서 인정을 안 해주면 그 자리는 보장이 없습니다.

어느 대학병원에서 있었던 일입니다.

교수님 한 분이 들어가시다가 택시 운전기사가 외국 사람을 세워놓고 욕을 하면서 언성을 높여서, 무슨 일인가 하고 들어보았더니, 한 선교사님이 가방에 지갑을 두고 와서 호주머니에 가진 돈이 얼마 안 되어 차비가 모자라 뭐라고 얘기를 하면서 이것 받고 주소를 적어주면 나중에 더 보내주겠다고 설명을 했다고 합니다.

그런데 운전기사가 그 말을 못 알아들으니까 돈 안 주려고 한다고, 한국사람 멸시한다고 고함을 지르는 겁니다.

그 교수가 그것을 보고서 아, 그게 아니고 여차여차한 것인데 자기가 대신 모자란 돈을 줄 테니까 그렇게까지 외국인에게 말하면 안된다고 하면서 차비를 다 내주었답니다.

그리고 외국인이 주소를 적어달라고 해서 적어주었는데 이 분이 미국에서 엄청나게 큰 재벌가인데 이분이 그 교수님께 편지로 초청해서 '내가 미국에 당신 병원을 하나 채려 줄테니까 여기 와서 의료활동을 하면서 복되게 살라' 고 하더랍니다.

그래서 이 분이 그 교수님을 초청해서 단독으로 병원을 차려주어 크게 하나님의 축복 받은 애기가 큰 화제거리가 된 적이 있습니다.

사람 하나 잘 만나고 잘못 만나느냐에 따라서 이렇게 성공과 실패도 좌우되는데 우리가 매 순간마다 무엇을 하든지 하나님과 함께 하는 순간은 하나님의 도우심이 함께 할 줄로 믿으시기 바랍니다. 그런데 하나님은 어떤 자에게 가까이 해주시고 찾아주시고 만나주시느냐 하면 겸손한 자에게입니다. 그리고 겸손한자에게 구원의 은혜를 입게 해주십니다.

시편 149:4에도 보면 **"여호와께서는 자기 백성을 기뻐하시며 겸손한 자를 구원으로 아름답게 하심이로다"**라고 말씀했습니다.

구원의 은총이 겸손한 자에게 함께 하십니다.

우리는 항해하는 항해사와 같습니다.

성난 파도가 밀려오는 바다를 항해할 때 주님이 선장이 되어주신다면 바람과 파도도 잔잔케 하실 수가 있습니다.

그래서 겸손한 자는 항상 주님을 떠나서는 아무것도 할 수 없다는 믿음을 가지고 생활하게 됩니다.

우리는 하나님의 뜻이라면 겸손한 마음으로 무조건 '아멘' 해야 됩니다. 하나님을 위해서 열심히 일하는 것도 겸손한 마음에서 생기는 것입니다.

우리는 하나님의 일에 대해서 어린아이의 심정을 가지고 사모하고 정성을 다할 때 하나님께서는 우리에게 더 큰 은혜를 부어주십니다.

사랑하는 성도 여러분! 항상 겸손한 자가 되어, 하나님께 붙들림을 받아 존귀하게 되어지며, 어떠한 상황에서도 구원해주시는 하나님의 은혜를 다 받아 누리시기를 주의 이름으로 축원합니다.

1월(2011년)의 시와 함께

지날수록

아무 것도 아니어 보이게 하소서
그러나
닦을수록 빛이 나는 자이게 하소서
캐볼수록 깊이 있는 자이게 하소서
흔들수록 심지 있는 자이게 하소서
머물수록 있고 싶은 자이게 하소서

한 눈에 반하지 않게 하소서
그러나
겪을수록 정이 있는 자이게 하소서
맡을수록 향이 있는 자이게 하소서
배울수록 實이 있는 자이게 하소서
흐를수록 보고 싶은 자이게 하소서

그래서
보면 볼수록 매력 있는 자이게 하소서

갈렙의 난제 극복

그 때에 유다 자손이 길갈에 있는 여호수아에게 나아오고 그니스 사람 여분네의 아들 갈렙이 여호수아에게 말하되 여호와께서 가데스바네아에서 나와 당신에게 대하여 하나님의 사람 모세에게 이르신 일을 당신이 아시는 바라 내 나이 사십 세에 여호와의 종 모세가 가데스바네아에서 나를 보내어 이 땅을 정탐하게 하였으므로 내가 성실한 마음으로 그에게 보고하였고 나와 함께 올라갔던 내 형제들은 백성의 간담을 녹게 하였으나 나는 내 하나님 여호와께 충성하였으므로 그 날에 모세가 맹세하여 이르되 네가 내 하나님 여호와께 충성하였은즉 네 발로 밟는 땅은 영원히 너와 네 자손의 기업이 되리라 하였나이다 이제 보소서 여호와께서 이 말씀을 모세에게 이르신 때로부터 이스라엘이 광야에서 방황한 이 사십오 년 동안을 여호와께서 말씀하신 대로 나를 생존하게 하셨나이다 오늘 내가 팔십오 세로되 모세가 나를 보내던 날과 같이 오늘도 내가 여전히 강건하니 내 힘이 그 때나 지금이나 같아서 싸움에나 출입에 감당할 수 있으니 그 날에 여호와께서 말씀하신 이 산지를 지금 내게 주소서 당신도 그 날에 들으셨거니와 그곳에는 아낙 사람이 있고 그 성읍들은 크고 견고할지라도 여호와께서 나와 함께 하

시면 내가 여호와께서 말씀하신 대로 그들을 쫓아내리이다 하
니 여호수아가 여분네의 아들 갈렙을 위하여 축복하고 헤브론
을 그에게 주어 기업을 삼게 하매 헤브론이 그니스 사람 여분
네의 아들 갈렙의 기업이 되어 오늘까지 이르렀으니 이는 그가
이스라엘의 하나님 여호와를 온전히 좇았음이라 헤브론의 옛
이름은 기럇 아르바라 아르바는 아낙 사람 가운데에서 가장 큰
사람이었더라 그리고 그 땅에 전쟁이 그쳤더라

여호수아서 14장 6절로 15절까지 말씀은 나이 85세에 헤브론 땅을 분배받은 갈렙의 이야기입니다.

갈렙이 헤브론 지역을 정복하는데 가로막혔던 장애의 벽들을 어떻게 극복했는가를 살펴봄으로서 은혜를 나누고자 합니다.

첫째, 갈렙은 이방인이라는 장애물을 극복했습니다.

갈렙은 본래 그니스 사람이었습니다. 그는 순수한 유대 혈통이 아님에도 불구하고 놀라운 믿음을 가졌습니다.

마치 기생 라합이나 룻과 마찬가지로 정통 이스라엘 출신이 아닌 이방인으로서 놀라운 믿음을 가졌던 것입니다.

갈렙은 인종적인 장벽을 뛰어넘어 이스라엘 주류에 진입한 사람입니다. 유난히 혈통의 순수성을 따지는 유대 사회에서 결코 쉬운 일이 아니었지만 이겨냈습니다.

애굽을 탈출한 제 1 세대 사람들 중에 가나안 땅에 들어간 사람은 오직 여호수아와 갈렙뿐이었습니다.

적극적이고 진취적인 믿음을 가진 사람은 어떤 차별이나 편견도 다 이겨내고 주류 사회에 당당히 진입하게 됩니다. 패배하는 사람은 무슨 탓, 무슨 책임을 타인과 사회에 돌리지만 승리한 사람은 그렇게 하지 않습니다. 적극적인 믿음의 사람 갈렙에게 인종적인 차이는 조금도 문제가 될 수 없었습니다!

둘째로, 갈렙은 심리적인 열등감의 문제를 극복했습니다.

어찌보면 갈렙은 여호수아와 친구이자 라이벌 관계였을지도 모릅니다.

왜냐하면 갈렙의 이름이 나오는 곳에는 여호수아의 이름도 함께 나옵니다. 그런데 여호수아와 쌍벽을 이루며 출애굽의 차세대 지도자로 각광을 받던 갈렙은 12지파 정탐 보고 이후에는 갑자기 자취를 감춥니다. 반면에 여호수아는 승승장구해서 모세를 뒤이어 이스라엘 민족의 차세대 영도자로 우뚝 섰습니다.

갈렙도 인간이기에 경쟁심이나 시기심이 생길 수도 있었을 것입니다. 그러나 갈렙은 이와 같은 심리적인 장벽을 이겨냈습니다. 공부를 1등하는 사람과 30등하는 사람은 질투할 일이 별로 없습니다. 1등과 2등 사이가 심합니다.

갈렙은 여호수아와 함께 정탐꾼으로 출발했지만 몇 십 년 사이에 두 사람의 신분에는 많은 변동이 생겼습니다.

여러 갈등에 시달릴 법도 한데 갈렙은 이 모든 심리적인 갈등을 특유의 믿음으로 이겨냈습니다.

우리나라는 인구는 많고 땅덩이는 좁기 때문에 경쟁심이 유달리 심합니다. 그러나 믿음의 사람으로 하나님이 주시는 거대한 산지를 얻기 위해서는 경쟁심과 시기심을 이겨내야 합니다.

셋째로, 노령이라는 나이의 장벽을 극복했습니다.

나이는 숫자에 불과한 것이고 우리의 정신과 태도가 훨씬 더 중요합니다.

"오늘날 내가 팔십 오세로되 모세가 나를 보내던 날과 같이 오늘날 오히려 강건하니 나의 힘이 그때나 이제나 일반이라, 싸움에나 출입에 감

당할 수 있사온즉 그 날에 여호와께서 말씀하신 이 산지를 내게 주소서."

여기에 나이를 뛰어넘는, 청년 노인 갈렙의 위대한 신앙이 있습
니다! 꿈이 있는 백성은 망하지 않을뿐더러 결코 늙지 않는다는 사
실을 보여줍니다! 아니, 겉사람, 육신은 날로 낡아지겠지만 속사람
은 날로 새로워집니다!
하나님의 사람은 항상 적극적이고 진취적이고 도전적입니다.

오늘 여러분들도 편하고 쉬운 일만 달라고 주문하지 마시고,
"어렵고 힘든 산지를 주소서!" 하나님께 기도하시기를 바랍니다.
90을 바라보는 노인 갈렙도 했는데 우리가 못할 리 없습니다!
"주여 이 산지를 내게 주소서!" 아멘.

푯대를 향하여

형제들아 나는 아직 내가 잡은 줄로 여기지 아니하고 오직 한 일 즉 뒤에 있는 것은 잊어버리고 앞에 있는 것을 잡으려고 푯대를 향하여 그리스도 예수 안에서 하나님이 위에서 부르신 부름의 상을 위하여 달려가노라 그러므로 누구든지 우리 온전히 이룬자들은 이렇게 생각할지니 만일 어떤 일에 너희가 달리 생각하면 하나님이 이것도 너희에게 나타내시리라 오직 우리가 어디까지 이르렀든지 그대로 행할 것이라

빌립보서 3:13절로 16절을 중심으로하여 〈푯대를 향하여〉란 제목으로 은혜를 나누고자 합니다.

금년에도 언제나 정상을 향해 전진하는 모습이 되기를 원합니다.

이를 위하여 우리는 **첫째로, 과거는 내려놓아야 합니다.**

"형제들아, 나는 아직 내가 잡은 줄로 여기지 아니하고 오직 한 일 즉 뒤에 있는 것은 잊어버리고…"(13절).

지난날을 생각할 때 두 가지 감정이 일어납니다.

하나는 나쁜 느낌이고, 다른 하나는 감사와 기쁨입니다.

지나간 실패는 회개하고 배우고, 지나간 성공은 감사하고 또 배워서, 매일같이 성장하는 한해가 되기를 원합니다.

그런데 성공한 사람에게 위험한 것이 있습니다. 교만해질 가능성입니다.

여러분, 성공했으면 반드시 겸손하게 하나님께 영광을 돌리십시오. 그리고 혼자서 성공한 것이 아님을 기억하십시오. 그래야 승리와 성공이 반복됩니다.

둘째로, 미래의 목표를 향해 가야 합니다.

13절로 14절을 보면 "앞에 있는 것을 잡으려고 푯대를 향하여 그리스도 예수 안에서 하나님이 위에서 부르신 부름의 상을 위하여 좇아가노라"고 했습니다.

어디에서 새로운 목표와 소원들이 나타납니까? 하나님을 기뻐하면 보여주십니다.

"여호와를 기뻐하라. 저가 네 마음의 소원을 이루어 주시리로다!"(시 37:4).

그런데 주님을 만나는 가장 좋은 통로는 예배입니다. 예배를 벗어나서 무엇이 잘 되길 바라는 것은 있을 수가 없습니다!

여러분이 하나님을 기뻐하고 사랑하여 하나님과 가까우면 금년에도 갈 길을 반드시 보여주실 것입니다.

성공적인 사람과 실패적인 사람은 차이가 있습니다.

불만스러운 상황에서 실패적인 사람은 불평하고 화내고 끝냅니다. 그러나 성공적인 사람은 똑같은 상황에서 '저렇게 하면 안 된다. 더 좋게 바꿀 수 있다' 라고 생각합니다.

예수 그리스도의 제자가 된 우리들은 인생을 불평으로 끝내지 말고 그 상황을 통해 더 발전시켜야 할 것입니다.

또한 우리는 이 땅에서 이루어야 할 소명이 있습니다. 우리가 아직 이 땅에 살아있는 것은 할 일이 남아있기 때문입니다.

그 소명을 느끼고 이루고 발전하는 한 해가 되시기 바랍니다.

끝으로, 하늘나라의 상을 바라보며 가야 합니다.

바울은 "위에서 부르신 부름의 상"을 향해 달려갔습니다.

현실에 충실하면서 하나님이 주신 꿈을 향해 달려가면 좋은 결과가 있을 것입니다. 그 결과는 어떻습니까?

나와 공동체가 행복해집니다.

가정과 교회와 직장과 사회와 국가가 여러분 때문에 밝아지고 좋아집니다. 그런데 언제나 마지막 목표는 영적인 목표라야 합니다.

우리의 시민권은 하늘에 있기 때문에 우리는 결국 천국에 들어갈 것입니다.

그 본향을 바라보면서 이 한해도 한걸음씩 전진하기를 원합니다.

어느 분이 나이 들어 기억력이 점점 나빠져서 의사의 진단을 받으러 갔습니다.

의사가 "뇌수술을 하면 기억력을 증진시킬 수는 있으나 너무 정교한 뇌수술이어서 자칫 잘못 건드리면 시력을 잃을 수도 있습니다. 당신은 시력과 기억력 중 어느 것을 되살리고 싶으십니까?"

하고 물으니 이 사람의 대답은

"시력을 원합니다."

"저는 걸어온 길을 회상하며 살기보다는 앞으로 갈 길을 눈으로 바라보며 살고 싶습니다."

우리도 마찬가지입니다.

하나님께서 보여주시는 길을 영적인 눈으로 바라보며 전진하시는 2011년이 되시기를 소원합니다.

세 가지 수고

항상 기뻐하라 쉬지 말고 기도하라 범사에 감사하라 이것이 그리스도 예수 안에서 너희를 향하신 하나님의 뜻이니라

우리가 반드시 해야 할 세 가지 수고를 말씀 드리고 싶습니다.

첫째는 기도의 수고입니다.

기도는 저절로 되는 것이 아닙니다. 기도의 수고를 할 때 우리는 기쁨을 누립니다. 항상 기뻐하라는 명령 다음에 쉬지 말고 기도하라고 명령한 이유가 바로 여기에 있습니다.

그 명령은 데살로니가전서 5장 17절에서도 했고, 빌립보서 4장 6절에서도 했습니다.

기도하면 주님께서는 앞길을 보여주십니다. 우리는 복잡한 세대를 살아가고 있습니다. 자기 머리로 무얼하려고 하지 마십시오. 사단에게 속습니다. 기도하면 지혜를 얻습니다.

미국의 콜로라도대학이 천문학 연구 홀을 짓고자 했으나 돈이 없었습니다. 기도했더니 지혜를 얻었습니다. 그래서 연구소장이 광고를 하나 냈습니다.

"화성에 팔 땅이 많은데, 5천 평을 20불에 팝니다.

화성은 광대하고 자동차소음이나 공해도 없고, 세 가지 색깔의 광선이 눈앞에 펼쳐지는 정말 살고 싶어 할 만한 곳입니다. 지원자는 연락하십시오."

전국에서 문의전화가 쇄도했습니다.

사람들은 그것이 모금을 위한 재치인 줄을 알았지만 '저렇게 아이디어가 있는 사람이면 얼마든지 도와줘야지' 하고 많은 사람이 20달러씩을 보내와서 건물을 짓고도 남았습니다.

그는 '화성 동쪽 이 부분은 누구의 소유다'라고 쓴 서류에 사인하고
도장 찍어서 모든 후원자들에게 한 장씩 보냈습니다.

그들은 그 화성소유권증서를 사무실에 붙여놓고 사람들이 물어보면
"나 화성에 5천 평 있어요"라고 합니다.

그걸 가져오겠습니까? 가서 살겠습니까? 그냥 좋은 겁니다.

기도하면 창의력이 나타납니다. 내 마음이 열리고 하늘이 열립니다.

둘째는 전도의 수고입니다.

신자들의 삶에서 가장 큰 기쁨은 전도의 수고에서 생깁니다.

이것은 전도해 본 사람이 아는 기쁨입니다.

"칠십인이 기뻐 돌아와 가로되"(눅10:17).

**"울며 씨를 뿌리러 나가는 자는 정녕 기쁨으로 그 단을 가지고 돌아오
리로다"**(시126:6).

여기 기쁨의 단은 전도의 열매를 가리킵니다. 전도의 수고를 하
지 않는 사람들은 진정한 기쁨을 누리지 못합니다. 바울은 일평생
전도의 수고를 하면서 가장 큰 기쁨을 누렸습니다.

셋째는 봉사의 수고입니다.

신자들의 삶에서 또 하나의 큰 기쁨은 봉사의 수고에서 생깁니
다. 봉사란 자기의 시간과 물질과 몸을 다른 사람에게 주는 것을
말합니다. 이기적인 사람은 봉사를 못합니다. 그래서 기쁨을 누리
지 못합니다.

"내가 나를 관제로 드릴찌라도 나는 기뻐하고 기뻐하리니"(빌2:17).

드리는 것 자체가 기쁨이라고 고백했습니다.

"내가 너희를 위하며 크게 기뻐하므로 재물을 허비하고"(고후12:15).

물질 봉사가 기쁨입니다.

이제 말씀을 맺습니다. 우리들의 삶에서 소중한 보배는 기쁨입니다. 기쁨이 행복이고 기쁨이 아름다움이고 기쁨이 건강입니다.

"너희 몸을 하나님이 기뻐하시는 거룩한 산제사로 드리라"고 분부했습니다.

환경때문에 소유때문에 기뻐하는 것은 아닙니다. 예수님 때문에 기뻐합니다. 주님을 위하여 수고하며 살기 때문에 기뻐합니다.

이렇게 기뻐하도록 힘써야 합니다.

우리의 기질이 기뻐하는 기질로 바꾸어져야 합니다.

우리의 삶의 스타일이 기뻐하는 스타일로 바꾸어져야 합니다.

주님께서 저와 여러분들에게 기쁨을 채워 주시기를 원합니다.

기뻐하며 사시는 저와 여러분들이 되시기를 바랍니다.

낙심을 치유(1)

하나님이여 사슴이 시냇물을 찾기에 갈급함 같이 내 영혼이 주를 찾기에 갈급하니이다 내 영혼이 하나님 곧 살아 계시는 하나님을 갈망하나니 내가 어느 때에 나아가서 하나님의 얼굴을 뵈올까 사람들이 종일 내게 하는 말이 네 하나님이 어디 있느뇨 하오니 내 눈물이 주야로 내 음식이 되었도다 내가 전에 성일을 지키는 무리와 동행하여 기쁨과 감사의 소리를 내며 그들을 하나님의 집으로 인도하였더니 이제 이 일을 기억하고 내 마음이 상하는도다 내 영혼아 네가 어찌하여 낙심하며 어찌하여 내 속에서 불안해하는가 너는 하나님께 소망을 두라 그가 나타나 도우심으로 말미암아 내가 여전히 찬송하리로다 내 하나님이여 내 영혼이 내 속에서 낙심이 되므로 내가 요단 땅과 헤르몬과 미살 산에서 주를 기억하나이다 주의 폭포 소리에 깊은 바다가 서로 부르며 주의 모든 파도와 물결이 나를 휩쓸었나이다 낮에는 여호와께서 그의 인자하심을 베푸시고 밤에는 그의 찬송이 내게 있어 생명의 하나님께 기도하리로다

내 반석이신 하나님께 말하기를 어찌하여 나를 잊으셨나이까
내가 어찌하여 원수의 압제로 말미암아 슬프게 다니나이까 하
리로다 내 뼈를 찌르는 칼 같이 내 대적이 나를 비방하여 늘
내게 말하기를 네 하나님이 어디 있느냐 하도다 내 영혼아 네
가 어찌하여 낙심하며 어찌하여 내 속에서 불안해하는가 너는
하나님께 소망을 두라 나는 그가 나타나 도우심으로 말미암아
내 하나님을 여전히 찬송하리로다

간혹 성도들이 근심스러운 표정으로 이런 말을 합니다.

저는 교회에 나온 지 오래 되어 남편의 구원을 위해 기도하는데 남편은 더 완악해지고 예수님을 믿지 않을까요?

왜 하나님께서는 기도를 응답해 주지 아니하실 까요? 라고 말합니다.

또 어떤 사람은 말하기를 이렇게 애를 쓰고 기도하는데 왜 병이 낫지 않습니까? 라고 하기도 합니다.

인간은 어떤 의미에서는 실패와 절망의 과정 속에서 성장해 나간다고 볼 수 있습니다.

잘하려던 일이 실패로 돌아갈 때는 실패 자체가 나쁜 것이 아니라 실패했을 때 낙심하여 절망에 빠져 자포자기 하는 것이 더 나쁜 것입니다.

우리가 기도했을 때 아무 일도 일어나지 않는 것은 실패가 아닙니다. 다시 기도하지 않겠다고 마음먹는 것이 실패인 것입니다. 포기하지 말고 계속 기도해야 합니다.

낙심이란 "무엇 무엇으로부터 마음이 빠져 나온다"는 말입니다.

다시 말하면 "마음이 떨어진다"는 뜻입니다. 우리의 마음이 좌절의 깊은 절벽으로 떨어진다는 뜻입니다.

그래서 우리는 이 낙심이라는 괴물 때문에 많이도 울었습니다.

그러면 오늘날 우리는 어떻게 낙심을 극복하며, 낙심을 치료하여 건강하게 살 수 있을까요?

낙심 치료법입니다.

첫째, 낙심할 때일수록 하나님을 사모해야 합니다.

일반적으로 우리는 일이 내 마음대로 안 되고 앞이 너무나 꽉 막힐 때 낙심합니다.

나의 꿈이 깨지고 소망이 없어질 때 좌절합니다.

좋을 때는 도랑치고 가재잡고, 임도 보고 뽕도 따고 하지만 안될 때는 업친데 덥친격, 설상 가상, 진퇴양란이란 말을 사용합니다.

시편 42편 1절에서 다윗은 그럴 때일수록 하나님을 더 사모하고 하나님을 향한 갈증으로 목말라야 한다는 사실을 가르쳐 주고 있습니다.

"하나님이여 사슴이 시냇물을 찾기에 갈급함같이 내 영혼이 주를 찾기에 갈급하니이다."

지금 다윗은 정치적인 실패를 경험하고 있습니다.

왕이었던 그가 거지 신세가 되어 도망 다니고 있습니다.

철저하게 실패했습니다.

바로 그때 다윗은 하나님을 갈망하고 있습니다. 목마른 사슴이 물을 찾듯이 하나님을 그리워하며 목말라 하고 있습니다. 여기서 사슴은 암사슴을 말합니다. 이스라엘은 대부분 광야이기에 풀이 많지 않고 마실 물도 귀합니다.

더구나 4월부터 9월까지는 비가 안 오는 건기이기 때문에 풀도 말라죽고 개울물도 말라버립니다. 그런데 대부분의 암사슴이 이때 새끼를 뱁니다. 그러니 새끼 밴 암사슴이 얼마나 목마르겠습니까?

더구나 사슴은 열이 많은 짐승입니다. 그 어떤 짐승보다 물을 찾습니다. 하지만 물이 없다는 말입니다.

그래서 더욱 목이 말라 있습니다.

그런데 지금 다윗이 그런 암사슴처럼 하나님께 목말라 있다는 것입니다. 낙심된 상황에서 하나님을 그토록 사모하고 있습니다.

왜 그럴까요?

바로 그것이 낙심 극복의 제1 원리이기 때문입니다.

그래서 본문 말씀을 통하여 권면합니다.

시편 42편 5절에 "내 영혼아 네가 어찌하여 낙망하며 어찌하여 내 속에서 불안하여 하는고 너는 하나님을 바라라 그 얼굴의 도우심을 인하여 내가 오히려 찬송하리로다"

왜 많은 사람들이 낙심을 극복하지 못할까요?

자꾸 낙심될 일만 바라보기 때문입니다. 하지만 그때 먼저 구할 것은 하나님의 얼굴입니다. 하나님의 임재하심입니다.

그것이 우리에게 새로운 힘이 되기 때문입니다.

낙심 중에 있습니까? 절망 속에 빠져 신음하고 있습니까? 하나님을 먼저 사모하십시오.

2월의 시와 함께

주님의 것이게 하소서

미련 때문입니다
그래서
주님 앞에 서기를 주저합니다

아쉼 때문입니다
그래서
주님 따르기를 주저합니다

욕심 때문입니다
그래서
주님께 드리기를 주저합니다

주여 !
이 몸 자체가 주님의 것이게 하옵소서
그리하면 주저함이 없으리이다.

낙심을 치유(2)

하나님이여 사슴이 시냇물을 찾기에 갈급함 같이 내 영혼이 주를 찾기에 갈급하니이다 내 영혼이 하나님 곧 살아 계시는 하나님을 갈망하나니 내가 어느 때에 나아가서 하나님의 얼굴을 뵈올까 사람들이 종일 내게 하는 말이 네 하나님이 어디 있느뇨 하오니 내 눈물이 주야로 내 음식이 되었도다 내가 전에 성일을 지키는 무리와 동행하여 기쁨과 감사의 소리를 내며 그들을 하나님의 집으로 인도하였더니 이제 이 일을 기억하고 내 마음이 상하는도다 내 영혼아 네가 어찌하여 낙심하며 어찌하여 내 속에서 불안해하는가 너는 하나님께 소망을 두라 그가 나타나 도우심으로 말미암아 내가 여전히 찬송하리로다 내 하나님이여 내 영혼이 내 속에서 낙심이 되므로 내가 요단 땅과 헤르몬과 미살 산에서 주를 기억하나이다 주의 폭포 소리에 깊은 바다가 서로 부르며 주의 모든 파도와 물결이 나를 휩쓸었나이다 낮에는 여호와께서 그의 인자하심을 베푸시고 밤에는 그의 찬송이 내게 있어 생명의 하나님께 기도하리로다 내 반석이신 하나님께 말하기를 어찌하여 나를 잊으셨나이까 내가 어찌하여 원수의 압제로 말미암아 슬프게 다니나이까 하리로다

내 뼈를 찌르는 칼 같이 내 대적이 나를 비방하여 늘 내게 말
하기를 네 하나님이 어디 있느냐 하도다 내 영혼아 네가 어찌
하여 낙심하며 어찌하여 내 속에서 불안해하는가 너는 하나님
께 소망을 두라 나는 그가 나타나 도우심으로 말미암아 내 하
나님을 여전히 찬송하리로다

낙심치유에 대한 두 번째 시간입니다.

우리는 낙심할 때일수록 지난날에 베푸신 하나님의 은혜를 기억해야 합니다.

그것이 그리스도인의 낙심 극복법 제2 원리입니다.

시편 42편 6절에 "내 하나님이이여 내 영혼이 내 속에서 낙망이 되므로 내가 요단 땅과 헤르몬과 미살산에서 주를 기억하나이다."

말할 수 없는 낙심 중에서 지난날 자기에게 베푸신 하나님의 은혜를 기억합니다.

그러므로 지금은 고난을 당하지만 지난날에 은혜를 베풀어주신 하나님께서 이번에도 반드시 은혜를 베풀어주실 것이라는 확신이 들었습니다. 이 사실을 생각하니 심령에 하나님의 은혜가 꿈틀거리기 시작했습니다.

다윗은 이 사실을 바다와 파도의 비유로 표현하고 있습니다.

7절입니다. "주의 폭포 소리에 깊은 바다가 서로 부르며 주의 파도와 물결이 나를 엄몰하도소이다."

얼마나 아름답고 멋있는 표현입니까?

우리 심령에도 내륙으로 밀려오는 거대한 파도와 같은 놀라운 영적 부흥이 일어나야 합니다.

우리 삶 중에 단 1초라도 하나님의 은혜가 아닌 것이 어디 있습니까?

모든 것이 다 하나님의 은혜였습니다.

그리고 그 은혜는 다 아멘이었고, 예스였습니다.

지난날 베풀어주신 하나님의 은혜를 생각하면 낙심이 극복됩니다. 뿐만 아니라 우리 안에 새로운 희망이 생기며 놀라운 영적 부흥이 일어납니다.

그래서 주의 은혜의 파도와 물결이 내 영혼과 육체, 아니 내 전 존재를 엄몰하는 위대한 영적 부흥을 경험하게 됩니다.

그 후에는 이런 확신이 생겨납니다.

"지난날 하나님은 내게 언제나 선이셨다. 지금까지 하나님은 단 한번도 나를 섭섭하게 하신 적이 없다.

그러므로 지금의 이 고난도 좋은 일로 역사 해 주실 것이다. 합력하여 선으로 역사 해 주실 것이다.

반드시 나를 역전의 영광의 길로 인도하셔서 다시한번 쓰시고 하나님께 영광 돌리는 삶을 살게 하실 것이다."

하나 더 보면, **낙심될 때일수록 기도하며 찬송해야 합니다.**

다윗도 그 처절한 낙심 중에, 눈물이 주야로 음식이 되던 때에 하나님께 기도하고 찬양했습니다.

8절에 "낮에는 여호와께서 그 인자함으로 베푸시고 밤에는 그 찬송이 내게 있어 생명의 하나님께 기도하리로다."

11절에 "내 영혼아 네가 어찌하여 낙망하며 어찌하여 내 속에서 불안하여 하는 고 너는 하나님을 바라라 나는 내 얼굴을 도우시는 내 하나님을 오히려 찬송하리로다."

낙심될 때 기도한다는 것은 하나님의 살아 계심을 믿기 때문입니다.

갈 6:7절에서 " … 사람이 무엇으로 심든지 그대로 거두리라."말씀하십니다.

찬송을 심어가면 찬송이 나오는 일들로 변화될 줄로 믿으시기 바랍니다. 지금 낙심될 수밖에 없는 상황 속에 있습니까? 그렇다면 하나님을 더 사랑하십시오. 하나님께 더 많이 기도하고 더 많이 감사하고 더 많이 찬양하십시오.

오히려 이 상황에서 하나님께 더 잘한 것이 무엇인가, 하나님을 기쁘시게 할 수 있는 일이 무엇인가, 하나님을 더 사랑할 수 있는 일이 무엇인가 찾아서 하나님께 더 잘해보시기 바랍니다.

아무리 절망스런 환경이 닥치고 낙심할 상황이 내 앞에 다가왔다 할지라도 하나님을 더 사랑하고 하나님을 더 찬양하며 하나님의 영광을 위한 삶에 목숨을 걸면, 그 순간부터 하나님은 낙심을 극복할 뿐 아니라

그 모든 환경과 역경까지도 이길 수 있는 힘을 주십니다. 아멘.

시대를 앞서가는 사람

형제들아 나는 아직 내가 잡은 줄로 여기지 아니하고 오직 한 일 즉 뒤에 있는 것은 잊어버리고 앞에 있는 것을 잡으려고 푯대를 향하여 그리스도 예수 안에서 하나님이 위에서 부르신 부름의 상을 위하여 달려가노라 그러므로 누구든지 우리 온전히 이룬 자들은 이렇게 생각할지니 만일 어떤 일에 너희가 달리 생각하면 하나님이 이것도 너희에게 나타내시리라 오직 우리가 어디까지 이르렀든지 그대로 행할 것이라 오늘 빌립보서3장의 말씀으로 "시대를 앞서 가는 사람"이라는 제목으로 은혜를 나누고자 합니다.

성경을 살펴보면 하나님이 좋아하신 사람들은 평범한 사람들과는 다른 점이 많았던 것을 보게 됩니다. 그 중에 가장 중요한 것은 영적 감각을 갖고 시대를 앞서가는 사람을 하나님은 쓰시는 것을 알 수 있습니다. 오늘 우리에게 주시는 하나님의 말씀이 그 방법을 가르쳐주고 있습니다.

그 방법으로서 **첫째는 과거의 업적에 자만치 말아야 합니다.**
13절에 **"나는 아직 잡은 줄로 여기지 아니하고 오직 한 일 즉 뒤에 있는 것은 잊어버리고"**
여기서 **"잡았다"**는 것은 무엇을 말하는 것일까요?
또 **"한 일 즉 뒤에 있는 것"**이란 무엇을 말할까요?
한마디로 바울이 이루어 놓은 업적을 말합니다.
그는 하나님 앞에서 엄청난 일을 이루어 냈습니다. 그런데 오늘 본문에는 그가 뭐라고 합니까? 다 잊어버린다는 것입니다.
우리 성도가 앞날에 발전을 기대하려면 과거에 매여 있어서는 절대로 성장할 수가 없습니다. 과거는 그야말로 과거입니다.
만약 우리가 과거의 업적에 빠지면 교만해지고, 안일함에 빠지게 됩니다.

그렇다면 시대를 앞서가는 사람이 되려면 어떤 자세가 있어야 할까요?

모든 것이 하나님의 은혜로 되어졌다고 믿어야 합니다.

그런데 이것이 어렵습니다. 그러나 시대를 앞서가려면 그런 훈련이 되어 있어야 합니다. 이것을 '영적 성숙'이라고 합니다.

어린아이가 하고 싶은 것 안 하기는 어렵습니다. 그러나 성장하면 아무리 하고 싶어도 안 할 것은 안 하게 됩니다.

저는 여러분이 영적으로 성숙하여서 과거 업적을 다 잊고 온전히 앞만 보고 나아가시기를 축원합니다.

시대를 앞서가려면 두번째로 인생의 올바른 푯대를 설정해야 합니다. 세상의 어떤 조직이든 목표가 있습니다.

여러분이 초등학교 다닐 때 학교 교실 정면에 학교 표어, 학급 목표가 붓글씨로 잘 써져있던 것을 기억하십니까? 그런데 그런 표어나 목표를 소중하게 생각하는 사람이 없습니다.

그냥 붙이는 것이겠거니 하고 지나쳐버립니다. 그러나 성공하는 사람은 다릅니다. **그들에게는 분명한 목표가 있습니다.** 그래서 모두가 그 목표를 잘 알고 그 목표를 향해 뒤돌아보지 않고 전진을 합니다.

그래서 소위 성공한 사람들의 이야기를 들어보면 인생의 목표를 달성키 위해 엄청난 대가를 지불하고 살았습니다.

텔레비젼에서 "성공시대"라는 프로그램을 유심히 보셨습니까? 그곳에서 얻을 수 있는 교훈이 무엇입니까? 목표가 있는 인생은 성공한다는 것입니다.

너무나 많은 사람들이 삶의 목표가 없이 살아가고 있습니다. 왜

사느냐고 물어보면 대답을 못합니다.

그냥 죽지 못해 산다고 합니다.

성도 여러분! 하다못해 강물의 물고기도 폭포를 뛰어 올라가는 데는 목표가 있습니다.

상류에 올라가 후손을 번성시킨다는 목표로 죽어라고 올라갑니다. 결국 자신의 목숨을 버리고 그 몸을 자기 새끼의 먹이가 되어 줍니다.

하물며 만물의 영장이라는 우리는 어떤 목표를 갖고 있습니까?

성도여러분의 인생의 목표는 무엇입니까? 그것을 푯대라고 표현했습니다. 우리가 하나님을 믿는 성도라면 성도다운 푯대를 갖고 살아야 합니다.

사람마다 다를 수 있습니다. 환경 따라 다르고 은사 따라 다를 것입니다. 그러나 결국은 하나여야 합니다. 하나님의 영광, 이것이 저와 여러분의 푯대가 되시기를 바랍니다.

낮아짐의 축복

본문 : 베드로전서 5:5~6

젊은 자들아 이와 같이 장로들에게 순종하고 다 서로 겸손으로 허리를 동이라 하나님은 교만한 자를 대적하시되 겸손한 자들에게는 은혜를 주시느니라 그러므로 하나님의 능하신 손아래에서 겸손하라 때가 되면 너희를 높이시리라 주님은 자연적 비유를 통하여 우리에게 많은 교훈을 주시는데, 제 자신도 고산지대를 여행하면서 낮아짐에 대한 교훈을 얻은 경험을 가지고 있습니다.

페루에 가면 쿠스코라는 곳이 있습니다.
세계적인 관광지라서 많은 사람들이 찾는 곳이기도 합니다.
해발 3300m로부터 시작하는데 좀더 높은 지역은 약 3800m까지 이르는 고산지역입니다.
그런데 한국에 살다보면 제일 높은 곳이라 해도 한라산이 2000m가 안되고 백두산 조차 3000m가 안되니 페루의 그 지역은 훨씬 높은 고산지대임이 틀림없습니다. 그런데 그곳에서 머무는 동안 신체에는 이상한 현상들이 나타나기 시작했습니다.
머리가 띵하고, 속이 울렁거리고, 눈이 아프고 어지러운 증상에 화장실을 수시로 드나들기는 하는데 별다른 볼일도 보지 않는 겪어보지 않은 불편함이었습니다.
높은데 있으니 모든 것들이 불안정해져 버리는 것입니다.
그곳에서의 소원이라면 주변을 탐사하는 것 보다는 그저 하산하는 것이 제일 소원이라는데 모두가 일치하였습니다.
물이 안정을 찾기 위해 낮은 데로 흐르듯 사람도 낮은 데에서 더욱 안정된 모습을 갖게 되는구나 하는 마음이 들었습니다.
아시아지역에서 아시안 게임이 있듯이 그 쪽에서도 남미 대륙 축구대회가 있는데 페루에서 한번은 축구경기를 하게 되었습니다.

고산지대에서 이루어지는 축구는 브라질 축구팀을 콜드게임처럼 이겨 버리는 희한한 일이 벌어졌습니다.

고산에 익숙한 페루팀은 잘 뛰었지만 브라질 팀은 생소했기 때문에 뛸 수가 없었습니다. 그래서 그 후로는 축구 국제 경기를 해발 2500m 이하에서 하게 되는 규정이 생겼다고 합니다.

어쨌든 자연 현상에서도 높은 곳은 우리를 힘들게하고 불안정하게 만드는데, 신앙생활에서는 더욱 그런면들이 두각을 나타내게 됩니다.

주님은 주의 백성들이 범사에 잘 되게 하시기 위해서 주님은 낮아질 것을 권하고 계십니다. 우리는 낮아짐으로 주님은 우리의 소원을 들어주시는 것을 알 수 있습니다.

"여호와여, 주는 겸손한 자의 소원을 들으셨으니, 저희 마음을 예비하시며 귀를 기울여 들으시고…"

시편 10편 17절 말씀입니다.

사람은 각기 나름대로 소원을 가지고 있습니다.

그래서 이 소원을 성취하기 위해서 하나님께 기도합니다.

그런데 하나님은 어떠한 자의 소원을 이루어주실까요? 바로 겸손한 자 바로 낮아진 자입니다.

또한 낮아지는 자를 하나님께서 붙들어주십니다.

시편 147편 6절에 "여호와께서 겸손한 자를 붙드시고"

우리는 늘 주님께 붙드심을 받아야 됩니다.

어린아이가 부모의 손에 붙잡혀 있으면 넘어지는 순간에 부모가 일으켜주시고, 위험할 때 안전한 곳으로 인도해주듯이, 주님이 우

리의 손을 붙잡아주실 때 하나님께서 우리를 천국까지 안전하게
인도해주실 줄 믿습니다.

　하나님께서는 붙잡아주시되 겸손한 자를 붙잡아주십니다.
　우리는 늘 겸손한 손을 내밀어야 됩니다.
　겸손한 마음으로 주님을 향하고 의지해야 되는 것입니다.
　그리고 낮아지면 주님은 도리어 우리를 높여 주십니다.

　**베드로전서 5장 6절을 보면 "그러므로 하나님의 능하신 손아래서 겸
손하라 때가 되면 너희를 높이시리라"고 했습니다.**
　성도 여러분! 하나님이 기뻐하시는 참 일군의 모습은 어떤 모습
입니까?
　겸손하게 충성하는 사람입니다. 겸손하면 하나님이 존귀히 여기
시고 높이 들어 쓰실 줄 믿습니다.

예상치 못한 풍랑을 만날 때

예수께서 즉시 제자들을 재촉하사 자기가 무리를 보내는 동안에 배 타고 앞서 건너편 벳새다로 가게 하시고 무리를 작별하신 후에 기도하러 산으로 가시니라 저물매 배는 바다 가운데 있고 예수께서는 홀로 뭍에 계시다가 바람이 거스르므로 제자들이 힘겹게 노 젓는 것을 보시고 밤 사경쯤에 바다 위로 걸어서 그들에게 오사 지나가려고 하시매 제자들이 그가 바다 위로 걸어 오심을 보고 유령인가 하여 소리 지르니 그들이 다 예수를 보고 놀람이라 이에 예수께서 곧 그들에게 말씀하여 이르시되 안심하라 내니 두려워하지 말라 하시고 배에 올라 그들에게 가시니 바람이 그치는지라 제자들이 마음에 심히 놀라니 이는 그들이 그 떡 떼시던 일을 깨닫지 못하고 도리어 그 마음이 둔하여졌음이러라

마가복음 6장에 보면 예수님께서는 5병2어의 기적을 일으키신 후 곧바로 제자들을 재촉하여 **'갈릴리 바다 건너편으로 가라'** 는 분부가 있었습니다.

아마도 배를 탄 제자들은 바로 전에 있었던 5병2어 사건에 대해서 대단히 흥분하며 서로 이야기했을 것입니다. 그들은 갈릴리 바다 건너편에서 일어날 또 다른 기적에 대한 기대를 하고 있었을 것입니다.

그런데 제자들이 어떻게 되었습니까? 그들의 기대, 아니 모든 사람들의 기대와는 정반대로 일이 진행되는데 놀라지 않을 수가 없게 되었습니다.

제자들이 탄 배가 바다 가운데를 건너가고 있었을 때, 갑자기 바람이 불어오기 시작했습니다. 나중에는 배를 뒤집어 놓을 만큼 큰 풍랑으로 바뀌었습니다. 제자들은 거친 풍랑과 사투를 벌이며 배가 뒤집히지 않도록 힘겹게 노를 젓기 시작합니다. 그러나 시간이 가면 갈수록 풍랑은 거세졌습니다.

우리들도 이처럼 때로는 전혀 예상치 못하는 고난을 당할 때가 있습니다.

캄캄한 망망 바다에서 예기치 않은 큰 풍랑을 만난 제자들처럼, 우리들도 인생의 바다에서 예기치 않은 큰 풍랑을 만날 때가 있는 것입니다.

그 때 우리는 어떻게 해야 할까요?

주님은 우리의 형편을 알고 계신다는 것과 모든 문제를 해결해 주신다는 믿음을 가져야 합니다.

마가복음 6장 46절을 보면, 제자들에게 갈릴리 건너편으로 가라고 말씀하신 주님께서는 제자들과 작별하신 후에 기도하러 산으로 가셨습니다.

환경적으로 보면 동떨어져 있지만 주님은 제자들이 갈릴리 바다에서 큰 풍랑과 사투를 벌이고 있을 때, 주님께서는 산에서 기도하셨습니다.

주님께서 누구를 위해서 기도하고 계셨을까요?

47절과 48절. "저물매 배는 바다 가운데 있고 예수께서는 홀로 뭍에 계시다가, 바람이 거스르므로 제자들이 힘겹게 노 젓는 것을 보시고"

여기에서 중요한 단어가 '보시고' 라는 단어입니다.

비록 주님께서는 제자들을 떠나 기도하러 산에 가셨지만, 그 산 위에서 힘겹게 노를 저으며 고생을 하고 있는 제자들을 보고 계셨습니다.

그리고 그들을 위하여 중보하며 기도하셨습니다.

로마서 8장 34절을 보면, "누가 정죄하리요 죽으실 뿐 아니라 다시 살아나신 이는 그리스도예수시니 그는 하나님 우편에 계신 자요 우리를 위하여 간구하시는 자시니라."고 말씀하고 있는 것처럼, 우리를 위해서 간구하고 계십니다.

그러므로 예기치 않은 큰 풍랑을 만날 때에도, 주님이 우리의 모든 형편을 알고 계신다는 사실을 기억해야 합니다. 그리고 말할 수 없는 탄식으로 우리를 위하여 중보 해주신다는 사실을 믿으시기 바랍니다.

주님께서는 두려워 떨고 있는 제자들에게 다가오셔서 뭐라고 말씀하셨습니까?

두려워한다고 야단을 치셨습니까?

50절에. 그들이 다 예수를 보고 놀람이라.

이에 예수께서 곧 그들에게 말씀하여 이르시되 "안심하라. 내니 두려워하지 말라" 하시고 주님께서는 "안심하라. 내니 두려워하지 말라."고 하시면서 두려워 떨고 있는 제자들을 위로해주셨습니다.

그리고 제자들이 타고 있던 배에 올라가셨습니다. 그러자 그 동안 그렇게 세차게 불어오던 바람이 그치고 거친 풍랑이 잔잔해졌습니다.

그러니까 주님께서는 두려워 떨고 있던 제자들의 마음을 위로해주셨을 뿐 아니라, 그들의 문제까지도 해결해주신 줄로 믿습니다. 아멘.

3월의 시와 함께

초록빛 평화

부서지고 싶습니다
마음이 소나기 되어
大地위에 산산이 부서지고 싶습니다

그보다는
뒹굴고 싶습니다
벌레 먹은 나뭇잎 되어
거리 위에 맘대로 뒹굴고 싶습니다

그보다는
뿌려지고 싶습니다
北風속의 눈보라 되어
앙상한 가지위로 멋대로 뿌려지고 싶습니다

왜일까요.
쥐어 비틀리는 心統부림 때문입니다
쥐어 찢기 우는 心靈의 아픔 때문입니다
하오나
주님 !
그보다는
누워 한잠 쉬어가게 하소서

잔잔한 금잔디 끝 나비 되어
포송한 꽃송이 위에 사뿐히 누워
한 잠 쉬어가고 싶습니다
그
초록빛 평화를 누리고 싶습니다

주 안에서 기뻐하라(1)

기뻐하라 너희 관용을 모든 사람에게 알게 하라 주께서 가까우시니라 아무것도 염려하지 말고 다만 모든 일에 기도와 간구로, 너희 구할 것을 감사함으로 하나님께 아뢰라 그리하면 모든 지각에 뛰어난 하나님의 평강이 그리스도 예수 안에서 너희 마음과 생각을 지키시리라 기쁨이 없는 사람은 자신의 인생을 지탱할 의지마저 잃어버리고 무력한 실패자가 됩니다. 그러나 기쁨이 충만한 사람은 자신의 불우한 운명을 바꾸는 사람이 됩니다. 그리고 가치 있는 일을 위해 헌신할 수 있는 능력과 용기를 가진 자가 될 수 있습니다.

이 기쁨에도 몇 가지 종류가 있습니다.

자연적인 기쁨이 있습니다. 이 기쁨은 세상 살아가면서 우리들에게 다가오는 즐거움을 말하는 것입니다. 즉 열심히 공부를 하여 높은 점수를 받았다든지 어느 시험에 합격을 하였을 때 오는 기쁨 같은 종류입니다.

또한 도덕적인 기쁨이 있습니다. 이는 내가 좋은 일을 행했을 때 오는 기쁨입니다.

과거의 우리나라 인사말 중에는 이런 것이 있었습니다.

"밤새 안녕하셨습니까?"

"아침 진지는 잡수셨는지요?"

이것이 우리나라에 전통적으로 내려오는 인사말입니다.

그리고 보면 한국 문화와 유대문화는 닮은 점이 많은 것 같습니다. 그 대표적인 예가 바로 인사입니다. 유대인들은 "샬롬"이라고 인사합니다.

이는 "평안하십니까?"라는 뜻입니다. 이는 두 민족 모두가 안녕치 못한 과거의 역사를 가졌기 때문입니다.

어느 초등학교에서 '평안'이라는 주제로 사생대회가 열렸습니다. 두 작품이 가장 훌륭한 작품으로 선정되었습니다.

한 작품은 시골 마을에 초가집 몇 채가 있고, 앞에는 시냇물이 졸졸 흐르고, 마을뒤에는 아담한 뒷동산이 있고, 열려있는 싸릿문 옆에는 삽살게가 꾸벅꾸벅 졸고 있고, 굴뚝에서는 연기가 낭만적으로 솟고 있습니다.

그러나 다른 한 그림은 높은 벼랑이 그려져 있고 더구나 폭풍우까지 몰아치고 있는 것이 그림의 배경입니다. 그런데 깍아지를 듯한 벼랑의 한 틈바구니에서 엄마 품에서 새록새록 잠자고 있는 참새 한마리의 모습이 보입니다.

그 어린 참새의 모습이 그렇게 평안할 수가 없습니다.

앞의 그림이 세상이 추구하는 평안이라면 후자의 평안은 성경이 말하는 평안입니다.

요한복음 16장 33절에서 "이것을 너희에게 이름은 너희로 내안에서 평안을 누리게 함이라.

세상에서 너희가 환란을 당하나 담대하라…"

보십시오. 주님께서도 끝까지 강조하시는 평안은 환란이 없는 평안이 아니라 환란가운데서의 초월적인 평안입니다.

대개 초신자는 예수를 믿기만 하면 일순간에 모든 환란은 사라진다고 생각합니다.

그러나 예수님은 분명히 초신자들이 원하는 그런 평안을 주시겠다고 말씀하신 적이 없습니다.

그러면 파도와 폭풍우속에서 어떻게 이 모든 것을 초월하고 평안을 유지할 수 있단 말입니까?

빌립보서 4장 4절로 7절에 그 해답이 있습니다.

그 기쁨은 영적인 기쁨입니다. 이 기쁨은 예수 그리스도의 십자가의 은혜로 모든 죄를 씻음 받고 구원받아 하나님의 자녀가 된 기쁨입니다.

이 영적인 기쁨을 소유한 사람은 세상에서 닥쳐오는 환난이나 고통도 물리쳐 이기며 기뻐하고 감사하며 살아갈 수 있습니다. 그리고 영적인 기쁨을 소유한 사람은 주님을 위하여 충성하고 봉사할 때 그 기쁨이 더 커지게 되는 것입니다.

초대교회 성도들은 핍박을 당하고 감옥에 갇히고 순교를 당하면서도 기뻐하고 즐거워하였습니다.

오늘 항상 기뻐하라는 말씀은 모든 기쁨이 다 포함되는 말씀이지만 특히 영적으로 기뻐하며 살라는 말씀입니다.

오늘 본문의 말씀처럼 "주안에서 항상 기뻐하시기를 바랍니다.

주 안에서 항상 기뻐하라(2)

주 안에서 항상 기뻐하라 내가 다시 말하노니 기뻐하라 너희 관용을 모든 사람에게 알게 하라 주께서 가까우시니라 아무것도 염려하지 말고 다만 모든 일에 기도와 간구로, 너희 구할 것을 감사함으로 하나님께 아뢰라 그리하면 모든 지각에 뛰어난 하나님의 평강이 그리스도 예수 안에서 너희 마음과 생각을 지키시리라 우리는 주 안에서 기뻐하라는 말씀을 수시로 듣습니다.

이에 대한 두 번째 시간입니다.

주 안에서 기뻐하라는 말씀은 무엇 때문에 권고하시겠습니까?

우리는 죄 사함을 받고 구원받았기 때문에 기뻐하라는 것입니다. **에베소서 1장 7절에서 "우리가 그리스도 안에서 그의 은혜의 풍성함을 따라 그의 피로 말미암아 구속 곧 죄 사함을 받았으니"** 하였습니다.

그러므로 예수 그리스도 안에서 엄청난 죄를 사함 받았으니 정말로 기뻐해야 할 일입니다.

이 구원의 기쁨은 영원한 것입니다.

또한 하늘 나라의 상급을 바라보며 충성하는 기쁨입니다. **요한계시록 22장 12절에서 "보라 내가 속히 오리니**

내가 줄 상이 내게 있어 각 사람에게 그가 행한 대로 갚아 주리라" 하십니다.

하나님께서는 수고한 자들을 위하여 상급을 예비하셨기 때문에 우리는 기쁘게 주님을 위하여 일할 수 있게 되는 것입니다. 그러므로 우리가 할 일은 모든 염려를 주께 맡기고 기도하면 됩니다.

빌립보서 4장 6절에 "아무것도 염려하지 말고 오직 모든 일에 기도와 간구로 너희 구할 것을 감사함으로 아뢰라." 하셨습니다.

염려 없이 사는 사람은 복있는 사람입니다. 그러나 우리는 너무나 많은 염려와 근심 속에서 살아가고 있습니다.

우리들의 삶은 점점 넉넉해지고 풍요로워지고 있지만, 정신세계는 더욱 여유를 잃고 무엇엔가 쫓기는 듯한 불안한 삶을 살아가고 있는 것이 바로 현대인들입니다.

그래서 **마태복음 11장 28절에서**

"수고하고 무거운 짐진 자들아 다 내게로 오라 내가 너희를 쉬게 하리라" 말씀하고 계십니다.

염려에 대한 해결책은 기도하고 간구하는 것입니다.

기도할 때 모든 염려와 근심을 주님에게 맡길 수 있기 때문에 지속적인 기도는 염려를 치료하는 매우 효과적인 치료약입니다. 그러므로 믿음의 성도들은 염려하는 대신 기도하며 사는 것입니다.

종교개혁자 마틴 루터는 말하기를 "나는 무릎으로 인생을 산다"라고 하였습니다.

우리들에게 파도처럼 밀려오는 염려를 이길 수 있는 힘은 기도를 통하여 얻는 것입니다.

그 삶에게는 늘 기쁨이 충만할 것입니다.

그리고 우리들이 기쁨을 얻으려면 평강의 삶을 살아야 합니다.

빌립보서 4장 7절에서 "그리하면 모든 지각에 뛰어난 하나님의 평강이 그리스도 예수 안에서 너희 마음과 생각을 지키시리라" 하셨습니다.

오늘 우리들이 기쁨을 잃어버리고 사는 이유 중에 하나가 평화를 잃어버렸기 때문입니다.

평강' 이라는 헬라어 [에이레네] 란 말은 마음에 고요와 평화가 가득히 채워진 것을 의미합니다.

에서는 외삼촌 라반의 집에서 20년간 종살이를 하고 고향으로 돌아오는 야곱을 죽이려고 칼을 가지고 맞으러 갑니다. 그러나 야곱은 얍복강에서 간절히 기도한 후 형을 맞이합니다.

이 때 승리자는 칼을 든 에서가 아니라 평화를 준비한 힘없는 야곱이었습니다.

사울 왕은 다윗을 죽이려고 다윗에게 창을 던지고 죽이려고 쫓아 다녔지만 다윗은 대적하지 않았습니다.

그 결과 칼을 들고 다윗을 쫓아다닌 사울은 망하고 지팡이를 들고 도망 다닌 다윗은 승리를 한 것입니다. 그러므로 우리들이 평화를 사랑하고 평화를 만들면 늘 기쁨 속에서 살게 될 것입니다.

이러한 사람이 승리자입니다. 하나님께서는 이런 사람에게 평강을 주실 것입니다.

그리고 그에게는 늘 기쁨이 충만할 것입니다.

항상 기뻐하며 승리하시는 모두가 되시기를 축원합니다.

영적침체의 원인(1)

아합이 엘리야가 행한 모든 일과 그가 어떻게 모든 선지자를 칼로 죽였는지를 이세벨에게 말하니 이세벨이 사신을 엘리야에게 보내어 이르되 내가 내일 이맘때에는 반드시 네 생명을 저 사람들 중 한 사람의 생명과 같게 하리라 그렇게 하지 아니하면 신들이 내게 벌 위에 벌을 내림이 마땅하니라 한지라 그가 이 형편을 보고 일어나 자기의 생명을 위해 도망하여 유다에 속한 브엘세바에 이르러 자기의 사환을 그 곳에 머물게 하고 자기 자신은 광야로 들어가 하룻길쯤 가서 한 로뎀 나무 아래에 앉아서 자기가 죽기를 원하여 이르되 여호와여 넉넉하오니 지금 내 생명을 거두시옵소서 나는 내 조상들보다 낫지 못하니이다 하고 로뎀 나무 아래에 누워 자더니 천사가 그를 어루만지며 그에게 이르되 일어나서 먹으라 하는지라 본즉 머리맡에 숯불에 구운 떡과 한 병 물이 있더라 이에 먹고 마시고 다시 누웠더니 여호와의 천사가 또 다시 와서 어루만지며 이르되 일어나 먹으라 네가 갈 길을 다 가지 못할까 하노라 하는지라 이에 일어나 먹고 마시고 그 음식물의 힘을 의지하여 사십 주 사십 야를 가서 하나님의 산 호렙에 이르니라

엘리야가 그 곳 굴에 들어가 거기서 머물더니 여호와의 말씀이
그에게 임하여 이르시되 엘리야야 네가 어찌하여 여기 있느냐
그가 대답하되 내가 만군의 하나님 여호와께 열심히 유별하오
니 이는 이스라엘 자손이 주의 언약을 버리고 주의 제단을 헐
며 칼로 주의 선지자들을 죽였음이오며 오직 나만 남았거늘 그
들이 내 생명을 찾아 빼앗으려 하나이다

요즈음 뉴스에 보면 유명인사들 혹은 유명 연예인들이 자살하는 소식을 자주 접하게 됩니다. 그 자살 이유를 살펴보니 "우울증"때문이라는 분석을 내 놓았습니다.

우울증은 현대인들의 가장 무서운 병중에 하나이기도 합니다.

이 우울증에 빠지게 되면 의욕을 상실하게 되고 무능감과 고립감, 그리고 허무감과 죄책감 심지어 자살 충동 등에 사로잡히게 됩니다. 그런데 이 우울증은 신앙인들에게도 나타날 수 있는 일이기도 합니다.

엘리야의 경우도 열왕기상19장 1절로 10절에 보면 영적 침체에 빠져드는 것을 발견하게 됩니다. 엘리야는 위대한 하나님의 사람이었습니다.

바알과 아세라 선지자 850명과 대결해서 통쾌한 승리를 거두었으며, 3년 6개월 동안 비가오지 않던 땅에 엘리야가 기도하니까 하나님께서 그의 기도를 들으시고 단비를 내려 주셨습니다.

이런 엘리야도 믿음이 약해질 때가 있었고, 용기를 잃어버릴 때도 있었으며, 절망과 불안에 빠져 헤어나지 못할 때도 있었습니다. 그의 영적 침체 원인이 무엇입니까?

첫째로, 과중한 사역과 스트레스 때문입니다.

역설적으로 영적 지도자들의 최악의 영적침체는 많은 경우에 최고의 영적 승리 바로 다음에 온다는 것입니다.

엘리야는 갈멜산에서의 승리와 함께 3년반 동안이나 가물었던 땅에 기도의 능력으로 폭포 같은 장대비가 쏟아지게 합니다. 그러나 그는 얼마 지나지 않아 로뎀나무 아래에서 죽기를 구하고 있습니다.

엘리야는 극심한 영적 침체에 빠져있는 것을 보게 됩니다. 육체적으로 정신적으로 영적으로 탈진되어 있는 것 같습니다. 그런데 그의 이런 영적침체는 어디서부터 왔습니까?

바로 아합왕의 아내 이세벨입니다. 이세벨은 사람을 보내어 엘리야를 24시간 안에 죽이겠다고 협박합니다.

2절입니다. "이세벨이 사자를 엘리야에게 보내어 이르되

내가 내일 이맘때에는 정녕 네 생명으로 저 사람들 중 한 사람의 생명 같게 하리라

아니하면 신들이 내게 벌 위에 벌을 내림이 마땅하니라 한지라"

오늘 엘리야는 무엇을 잘못해서 이렇게 영적 침체에 빠진 것이 아니라 너무 열심히 잘했기 때문에 침체에 빠졌다는 것입니다.

즉 사역의 강도가 자신을 넘어갈 때 침체가 올 수 있다는 것을 보여주고 있습니다.

성경속에 위대했던 영적 리더들에게도 이런 일이 일어났습니다.

민 11:14~15절을 보면 백성들은 모세에게 불평을 하고 모세는 하는 일이 너무 많으니까 모세가 하나님 앞에 견딜 수가 없어서 "하나님 내게 만약에 은혜를 베푸신다면 나를 죽여서 나의 곤고함을 보지 않게 하옵소서!" 이렇게 기도합니다.

모세도 침체에 빠졌습니다. 나를 죽여주옵소서!

죽기를 고하는 이런 상태에 들어갔던 것입니다. 어찌 모세와 엘리야 뿐입니까?

시편 38:5~6절을 보면 또 다윗은 "내 상처가 썩어 악취가 나오니 내가 우매한 까닭이로소이다 내가 아프고 심히 구부러졌으며 종일토록 슬픔 중에 다니나이다."

사랑하는 성도 여러분!
이렇듯 영적침체는 과중한 업무와 스트레스를 받는 사람은 누구나 다 빠질 수 있는 것입니다.
열심히 최선을 다하는 것은 아름다운 일이지만
그것으로 인해 스트레스를 받지 아니하시기를 바랍니다.
잘 조절하며 일하시기를 바랍니다.
그래서 주일의 안식은 더욱 필요한 것입니다. 아멘~

영적침체의 원인(2)

아합이 엘리야가 행한 모든 일과 그가 어떻게 모든 선지자를 칼로 죽였는지를 이세벨에게 말하니 이세벨이 사신을 엘리야에게 보내어 이르되 내가 내일 이맘때에는 반드시 네 생명을 저 사람들 중 한 사람의 생명과 같게 하리라 그렇게 하지 아니하면 신들이 내게 벌 위에 벌을 내림이 마땅하니라 한지라 그가 이 형편을 보고 일어나 자기의 생명을 위해 도망하여 유다에 속한 브엘세바에 이르러 자기의 사환을 그 곳에 머물게 하고 자기 자신은 광야로 들어가 하룻길쯤 가서 한 로뎀 나무 아래에 앉아서 자기가 죽기를 원하여 이르되 여호와여 넉넉하오니 지금 내 생명을 거두시옵소서 나는 내 조상들보다 낫지 못하니이다 하고 로뎀 나무 아래에 누워 자더니 천사가 그를 어루만지며 그에게 이르되 일어나서 먹으라 하는지라 본즉 머리맡에 숯불에 구운 떡과 한 병 물이 있더라 이에 먹고 마시고 다시 누웠더니 여호와의 천사가 또 다시 와서 어루만지며 이르되 일어나 먹으라 네가 갈 길을 다 가지 못할까 하노라 하는지라 이에 일어나 먹고 마시고 그 음식물의 힘을 의지하여 사십 주 사십 야를 가서 하나님의 산 호렙에 이르니라 엘리야가 그 곳 굴에 들어가 거기서 머물더니 여호와의 말씀이 그에게 임하여 이르시되 엘리야야 네가 어찌하여 여기 있느냐 그가 대답하되 내가 만군의 하나님 여호와께 열심히 유별하오니 이는 이스라엘 자손이 주의 언약을 버리고 주의 제단을 헐며 칼로 주의 선지자들을 죽였음이오며 오직 나만 남았거늘 그들이 내 생명을 찾아 빼앗으려 하나이다

열왕기상 19장 1절로 10절을 통한 영적침체에 대한 두 번째 시간입니다.

엘리야가 영적침체 상태에 빠질 수 있었던 것은 상황에 대한 지나친 확대 해석이 문제가 되고 있습니다.

탈진한 엘리야는 이세벨의 협박에 너무 예민하게 반응합니다.

10절입니다. "이스라엘 자손이 주의 언약을 버리고 주의 단을 헐며 칼로 주의 선지자들을 죽였음이오며 오직 나만 남았거늘 저희가 내 생명을 찾아 취하려 하나이다"

사실 이세벨이 정말로 엘리야를 죽이고 싶었다면 사람을 보내 경고할 필요도 없었을 것입니다.

이세벨의 의도는 민심이 엘리야에게 쏠려 있어서 엘리야를 죽일 수 없음을 간파하고 엘리야에 대한 백성들의 영적 존경심을 떨어뜨리려고 했던 것입니다. 그런데 엘리야는 이런 상황속에서 현실을 너무 부정적으로 판단했기 때문에 침체에 빠질 수밖에 없었던 것입니다.

현실의 문제를 지나치게 심각하게 해석하지 마시고 소망가운데 살아가시기를 바랍니다.

그리고 엘리야가 영적침체에 빠질 수 밖에 없었던 원인은? 다른 사람과 비교했기 때문입니다.

오늘 본문 4절을 보면 "넉넉하오니 지금 내 생명을 취하옵소서. 나는 내 열조보다 낫지 못하나이다"라고 했습니다.

엘리야는 지금 자신을 자기 열조와 비교하고 있습니다.

오늘 우리도 마찬가지입니다. 왜 사람들이 침체에 빠지며 절망합니까?

자신을 다른 사람과 비교하기 때문입니다.

"내가 아무개 집사님과 같았으면 좋았을것을…

내가 누구 누구와 같이 행복했으면 좋았을텐데…

나는 왜 이렇게 살지?"등등 이런 비교를 하게 되면 반드시 침체의 늪에 빠지게 되어 있습니다.

고린도후서 10:12절을 보면

그렇게 사는 것은 지혜롭지도 못하고 해가 된다고 말씀하고 있습니다.

"우리가 어떤 자기를 칭찬하는 자로 감히 짝하며 비교할 수 없노라. 그러나 저희가 자기로서 자기를 헤아리고, 자기로서 자기를 비교하니 지혜가 없도다"

사랑하는 성도 여러분!

우리는 우리 자신을 다른 사람과 비교하지 말아야 합니다.

왜냐하면 모든 사람이 다 각각 다른 인간성을 가지고 있기 때문입니다.

나를 다른 사람과 비교하며 살아가면 우리도 정신적으로, 영적으로 침체의 늪에 빠질 수 있습니다.

다른 사람과 비교하지 말고, 하나님이 나를 만들어 놓으신 그 모습 그대로 나를 사용하시기를 원하신다는 사실을 기억하고 이 믿음으로 살아가시기 바랍니다.

하나 더 보면 부정적인 생각이 영적 침체를 불러오는 것을 알 수 있습니다.

　　10절 하반절 말씀을 보면 **"오직 나만 남았거늘 저희가 내 생명을 취하려 하나이다"**라고 했습니다.

　　하나님은 바알에게 무릎 꿇지 않은 사람 7천명을 남겨 두셨는데도 그는 자신만 남아있는 것으로 생각하고, **"하나님 나 혼자 남아있는데 홀로 남은 내가 무슨 일을 할 수 있으며 또 그나마도 저들이 내 생명을 찾고 있습니다"**라고 한 것입니다.

　　오늘 많은 사람들이 침체에 빠지는 이유는 자기는 혼자라는 생각 때문입니다.

　　누구도 나를 도와주는 사람이 없고, 함께 해 주는 사람이 없고, 자기를 알아주는 사람도 없고, 자기를 이해해주는 사람도 없다고 생각하기 때문입니다.

　　그러나 하나님을 믿는 우리는 결코 혼자일 수 없습니다.

　　전능하신 하나님이 함께 하시기 때문입니다.

　　그 하나님과 늘 함께 하며 승리하는 모두가 되시기를 바랍니다.

영적침체의 회복

아합이 엘리야가 행한 모든 일과 그가 어떻게 모든 선지자를 칼로 죽였는지를 이세벨에게 말하니 이세벨이 사신을 엘리야에게 보내어 이르되 내가 내일 이맘때에는 반드시 네 생명을 저 사람들 중 한 사람의 생명과 같게 하리라 그렇게 하지 아니하면 신들이 내게 벌 위에 벌을 내림이 마땅하니라 한지라 그가 이 형편을 보고 일어나 자기의 생명을 위해 도망하여 유다에 속한 브엘세바에 이르러 자기의 사환을 그 곳에 머물게 하고 자기 자신은 광야로 들어가 하룻길쯤 가서 한 로뎀 나무 아래에 앉아서 자기가 죽기를 원하여 이르되 여호와여 넉넉하오니 지금 내 생명을 거두시옵소서 나는 내 조상들보다 낫지 못하니이다 하고 로뎀 나무 아래에 누워 자더니 천사가 그를 어루만지며 그에게 이르되 일어나서 먹으라 하는지라 본즉 머리맡에 숯불에 구운 떡과 한 병 물이 있더라 이에 먹고 마시고 다시 누웠더니 여호와의 천사가 또 다시 와서 어루만지며 이르되 일어나 먹으라 네가 갈 길을 다 가지 못할까 하노라 하는지라

이에 일어나 먹고 마시고 그 음식물의 힘을 의지하여 사십 주
사십 야를 가서 하나님의 산 호렙에 이르니라 엘리야가 그 곳
굴에 들어가 거기서 머물더니 여호와의 말씀이 그에게 임하여
이르시되 엘리야야 네가 어찌하여 여기 있느냐 그가 대답하되
내가 만군의 하나님 여호와께 열심히 유별하오니 이는 이스라
엘 자손이 주의 언약을 버리고 주의 제단을 헐며 칼로 주의 선
지자들을 죽였음이오며 오직 나만 남았거늘 그들이 내 생명을
찾아 빼앗으려 하나이다

이 시간은 영적 침체에서 회복할 수 있는 방법을 찾아보기로 합니다.

하나님은 우리의 육체적 필요를 채워 주시는 분이시라는 것을 발견하게 됩니다.

열왕기상 19장에 보면 하나님께서는 지쳐 있는 엘리야를 재우셨습니다. 실컷 자고 일어나니까 이젠 그를 먹이십니다.

5절에서 6절을 보면. "로뎀나무 아래 누워 자더니 천사가 어루만지며 이르되 일어나서 먹으라 하는지라 본즉 머리맡에 숯불에 구운 떡과 한 병 물이 있더라 이에 먹고 마시고 다시 누웠더니" 엘리야는 먹고 자기를 반복하면서 육체적 곤고함으로부터 회복합니다.

많은 사람들이 하나님께서 우리를 만드실 때 육체와 영혼을 함께 주셨다는 사실을 간과합니다. 잠이 필요할때는 잠도 자야하고 배가 고플때는 먹기도 해야 합니다.

잘 자지 못하고 먹지 못하고 쉬지 않으면 아무리 경건하고 성령 충만하려 해도 예민해지고 짜증이 나게 되어 있습니다.

레오나르도 다빈치가 '최후의 만찬'을 그릴 때 그는 '낮잠'이 없었다면 그 일을 결코 완성해 내지 못했을 것이다라고 말합니다. 그러면서 그는 '일하고 있지 않을 때 우리는 가장 크게 일할 수 있다' 라고 했습니다.

바로 영적침체에서 벗어나는 방법 중 하나는 바로 안식입니다.

쉼을 통해서 하나님의 공급함을 경험해야 하는 것입니다.

다른 면에서 영적침체를 해결하는 방법은?

마음을 쏟아 놓아야 합니다.

본문을 보면 하나님께서 엘리야를 호렙산으로 데리고 가셨습니다. 호렙산은 하나님께서 불타는 가시떨기에서 모세를 만나셨던 그 장소입니다. 거기서 하나님께서 서늘한 동굴 속에서 엘리야에게 말씀하기 시작하셨습니다.

9절 말씀에"엘리야가 그곳 굴에 들어가 거기서 유하더니 여호와의 말씀이 저에게 임하여 이르시되 엘리야야 네가 어찌하여 여기 있느냐?"

그러자 엘리야는 기다렸다는 듯이 자신의 마음을 마구 쏟아놓기 시작했습니다.

10절입니다. "저가 대답하되 내가 만군의 하나님 여호와를 위하여 열심히 특심하오니 이는 이스라엘 자손이 주의 언약을 버리고 주의 단을 헐며 칼로 주의 선지자들을 죽였음이오며 오직 나만 남았거늘 저희가 내 생명을 찾아 취하려 하나이다"

사랑하는 여러분!

이렇듯 우리가 하나님 앞에서 우울하고 속상하고 가슴이 조였던 일들 열등감, 증오 등 수개월동안 쌓이고 쌓였던 것들이 다 하나님 앞에 쏟아부어 놓아야 성령의 감동이 느껴지는 것입니다.

이제 말씀을 마치겠습니다.

오늘 우리는 영적승리 뒤에 깊은 영적침체에 빠졌던 엘리야를 보았습니다.

그런데 이 엘리야뿐만이 아니라 같은 성정을 가지고 오늘을 살아가는 모든 믿음의 사람들이 즉, 여러분과 저 또한 깊은 영적 침체에 빠질 수 있다는 것을 놓쳐서는 안 될 것입니다.

얼마든지 좌절하고 실망하고 절망에 빠질 수도 있습니다.

그러나 여러분! 우리의 좌절이 하나님의 좌절이 아닙니다.

또한 우리의 침체가 하나님의 침체도 아닙니다.

하나님은 오늘도 우리의 침체의 자리에 찾아오셔서 우리에게 쉼을 주시기를 원하시며 우리의 모든 좌절을 하나님께 내어 놓으시기를 원하십니다.

엘리야가 쉼을 얻고 모든 문제를 하나님께 내어 놓으므로 깊은 영적 회복의 은혜를 경험했던 것처럼 우리 믿음의 모든 가족들이 엘리야와 같은 축복의 은혜가 넘치시기를 주님의 이름으로 축원합니다.

4월의 시와 함께

주님께서

주님께서 막아주지 아니 하셨더면
불 속에 뛰어드는
불나비가 되었을 겁니다

주님께서 붙잡아 주지 아니 하셨더면
휘날리는 폭풍우 속의
등잔불이 되었을 것입니다

주님께서 인도해 주지 아니 하셨더면
늪에 빠져드는
들짐승이 되었을 것입니다

주님께서 채찍하지 아니 하셨더면
풀잎사이 잠만 자는
베짱이가 되었을 것입니다

주님께서 고삐를 매지 아니 하셨더면
온갖 밭을 망치는
망아지가 되었을 것입니다.

나는 천국시민(1)

형제들아 너희는 함께 나를 본받으라 그리고 너희가 우리를 본받은 것처럼 그와 같이 행하는 자들을 눈여겨보라 내가 여러 번 너희에게 말하였거니와 이제도 눈물을 흘리며 말하노니 여러 사람들이 그리스도의 십자가의 원수로 행하느니라 그들의 마침은 멸망이요 그들의 신은 배요 그 영광은 그들의 부끄러움에 있고 땅의 일을 생각하는 자라 그러나 우리의 시민권은 하늘에 있는지라 거기로부터 구원하는 자 곧 주 예수 그리스도를 기다리노니 그는 만물을 자기에게 복종하게 하실 수 있는 자의 역사로 우리의 낮은 몸을 자기 영광의 몸의 형체와 같이 변하게 하시리라

요즈음 원정출산이라는 것으로 사회에 물의를 주는 소식들을 가끔 접하게 됩니다.

아마도 선진국의 형편이 삶의 질에서 나아 보이니까, 그렇게 해서라도 선진국 시민권을 얻으려는 마음에서 하는 행동이 아닌가 생각합니다. 그런데 세부적으로 들어가 보면 한국이 살기가 더 좋은 것들이 많습니다.

수 많은 나라들이 선진화 되려고 애를 쓰고 있습니다.

그러면 최고의 선진국은 어느 나라이겠습니까?

물론 여러 나라의 이름을 거론할 수 있겠지만 확실한 것은 최고의 선진국 중의 선진국은 천국입니다.

우리는 하나님의 자녀가 된 천국백성들입니다.

그래서 **빌립보서 3장 20절에서 우리의 시민권은 하늘에 있는지라라고 말씀하고 계시고, 4장 3절 하반절에서는, 그 이름들이 생명책에 있느니라** 말씀하십니다. 그러므로 우리는 천국백성임을 다시 한번 깨닫고, 자부심을 가져야 합니다.

그러면 어떻게 사는 것이 천국백성의 도리인가? 무엇보다도 천국시민이라는 사실을 깨닫고 사는 것입니다. 사도바울을 통한 하나님의 말씀은 우리 그리스도인의 시민권은 하늘에 있다는 사실을 강조하고 있습니다.

우리는 소속 자체가 다르다는 것입니다.

이 점을 깨달아야 한다고 말씀하고 있습니다. 그런데 당대의 그리스도인들은 어글이 크리스챤이 되어있었습니다.

빌립보서 3장 18절에 "내가 여러 번 너희에게 말하였거니와 이제도 눈물을 흘리며 말하노니"

이미 여러 차례 십자가의 정신으로 돌아오라고 권면했다는 것입니다. 그래도 듣지 않자 이제는 눈물을 흘리면서 권한다는 것입니다.

꿀벌이 꿀이 가득 담긴 꿀단지를 발견했습니다.

이제 산이고 들이고 다니며 이 꽃 저 꽃에서 꿀을 따느라 고생할 필요가 없다고 생각했습니다. 꿀단지 속에서 꿀을 빨기 시작합니다.

점점 꿀단지 속으로 깊이 빠져들었습니다.

배가 부르고 피곤해서 집으로 돌아가려고 일어섭니다. 그런데 몸이 말을 듣지 않습니다. 날개가 꿀에 박혀서 빼낼 수가 없습니다. 그래서 점점 그렇게 좋아하는 꿀에 묻혀서 죽어갔습니다. 꿀벌이 꿀벌 정신을 잃어버리고 꿀에 묻혀서 죽어가고 있는 것입니다.

우리 그리스도인들이 십자가 정신을 잃어버리면 세상에 파묻혀 그 영이 죽어갑니다. 십자가의 원수가 되고 맙니다.

노벨 평화상을 수상한 마르틴 루터 킹 목사가 불만 섞인 표정으로 거리를 청소하는 흑인 청소부를 만났습니다. 그가 킹 목사에게 불평을 털어놓았습니다.

"내가 백인들의 집이나 청소하고 저들이 어질러 놓은 길이나 청소하며 살아야 합니까?"

이 때 킹 목사가 저 유명한 말을 남겼습니다.

"당신은 백인들의 길 한 모퉁이를 청소하고 있다고 생각하지 말고, 하나님이 창조하신 우주의 한 모퉁이를 쓸고 있다고 생각하십시오" 그렇습니다.

우리에게 깨달음이 필요합니다.

우리는 하나님의 자녀요 저 천국시민이라는 깨달음이 있어야 합니다. 이것을 잊지 말아야 합니다. 그리고 긍지와 자부심을 가져야 합니다.

비록 청소를 하고 있더라도 우리는 천국시민입니다. 평범한 삶을 살고 있더라도 우리는 저 천국 백성임을 자랑스럽게 생각하면서 살아야 합니다.

우리는 참 그리스도인으로 천국시민임을 늘 기억하며 기쁨의 나날이 되시기를 주님의 이름으로 축원합니다.

나는 천국시민(2)

형제들아 너희는 함께 나를 본받으라 그리고 너희가 우리를 본받은 것처럼 그와 같이 행하는 자들을 눈여겨보라 내가 여러 번 너희에게 말하였거니와 이제도 눈물을 흘리며 말하노니 여러 사람들이 그리스도의 십자가의 원수로 행하느니라 그들의 마침은 멸망이요 그들의 신은 배요 그 영광은 그들의 부끄러움에 있고 땅의 일을 생각하는 자라 그러나 우리의 시민권은 하늘에 있는지라 거기로부터 구원하는 자 곧 주 예수 그리스도를 기다리노니 그는 만물을 자기에게 복종하게 하실 수 있는 자의 역사로 우리의 낮은 몸을 자기 영광의 몸의 형체와 같이 변하게 하시리라 나는 천국시민이란 주제로 은혜를 나누는 두 번째 시간입니다.

천국시민은 천국시민답게 살아야 합니다.
사도 바울은 우리 그리스도인은 천국시민이라고 강조하면서, 십자가의 원수들처럼 살아서는 안 된다는 점을 눈물로 호소하고 있는 것입니다.
우리가 흔히 자존심과 오기를 혼동합니다.
자존심은 자기 기준을 스스로 높이고 자기를 잘 관리하려는 태도를 말합니다. 그러나 오기는 자신에게 솔직하지 못하고 자기가 싫은 것을 참지 못하는 것을 말합니다.

아프리카 흑인들이 노예 시장에 팔려 나왔습니다.
오랜 시간 끌려와 지치고 병들고 허기졌습니다.
모두가 길게 누워있었습니다. 그런데 한 청년이 허리를 고추 세우고 반듯하게 앉아있었습니다.
노예를 사러 온 한 신사가 물었습니다.
"힘들 텐데 눕지 왜 그렇게 힘들게 앉아있는가?"
그 청년 대답이 "나는 추장의 아들이요. 추장의 아들이 어떻게 땅에 누울 수 있겠소"

바로 이것이 자존심입니다. 자존심을 지키며 사는 것입니다. 그렇습니다. 우리는 우리 삶의 기준을 스스로 높여야 합니다. 천국시민다운 삶의 기준을 세워야 합니다. 그리고 그 기준을 지켜가야 합니다.

고린도전서 6장 19절에서 "너희 몸은 너희가 하나님께로부터 받은바 너희 가운데 계신 성령의 전인 줄을 알지 못하느냐 너희는 너희의 것이 아니라 값으로 산 것이 되었으니 그런즉 너희 몸으로 하나님께 영광을 돌리라"

세상 풍조에 휩쓸려 음행을 저지르는 고린도 교인들에게 주신 말씀입니다. 너희는 성령이 거하는 성전임을 알고 성전답게 살라는 것입니다. 우리가 죄의 유혹을 받을 때 이 사실을 기억해야 합니다. 나는 천국시민이다.

내 몸은 성령의 전이라는 것을 말입니다.

또한 우리는, 천국시민으로 자기를 지키며 살아야 할 것입니다. 우리가 계속해서 천국시민으로 살아가기 위해서 주시는 권면이 있습니다.

고린도전서 11장 1절에 "내가 그리스도를 본받는 자 된 것같이 너희는 나를 본 받는 자 되라"

다음으로 20절을 보면 "주 예수를 기다리라"고 말씀했습니다.

여기서 기다린다는 말은 헬라어로 "아페크데코메다"라는 말인데, 이 말은 간절히 갈망한다는 뜻입니다.

그러니까 천국시민들은 늘 주님을 기다리는 사람들입니다.

그렇습니다. 우리가 이 땅에 살면서 주님을 기다리고 주님을 갈망하며 산다면 우리는 십자가의 원수가 될 수 없고 십자가의 정신으로 살 수 있습니다. 천국시민으로서 우리를 지킬 수 있습니다.

또한 21절을 보면 "우리의 낮은 몸을 자기 영광의 몸의 형체와 같이 변케 하시리라"고 했습니다.

주님을 기다리는 사람들 바로 그들을 주님께서 우리를 변화시키신다는 것입니다. 날로 새롭게 빚어 가신다는 것입니다. 그러므로 우리는 날로 새로워져야 합니다.

이 험한 세상 속에 살면서, 끊임없이 새로운 형태의 죄가 더 해가는 세상 속에 살면서 날로 심령이 새로워져야 합니다. 그러면 우리가 천국시민으로서 우리를 지킬 수 있습니다.

사랑하는 성도 여러분! 이 세상에 두 종류의 그리스도인이 있습니다.

하나는 그리스도인이면서도 세상에 휩쓸려서 십자가의 원수로 사는 사람들이 있습니다. 반면에 이 세상에 살면서 천국시민으로 사는 사람들이 있습니다.

천국시민이라는 사실을 깨닫고 찬국시민답게 천국시민으로 자신을 지키며 사시기 바랍니다.

변화를 받읍시다

본문 : 로마서 12: 1~2

그러므로 형제들아 내가 하나님의 모든 자비하심으로 너희를 권하노니 너희 몸을 하나님이 기뻐하시는 거룩한 산 제물로 드리라 이는 너희가 드릴 영적 예배니라 너희는 이 세대를 본받지 말고 오직 마음을 새롭게 함으로 변화를 받아 하나님의 선하시고 기뻐하시고 온전하신 뜻이 무엇인지 분별하도록 하라

세계적인 시사 주간지인 『TIME』지가 새해의 4대 결심을 소개한 적이 있습니다.

첫째는 체중 감량이고 둘째는 금연이며 셋째는 운동, 그리고 마지막은 스트레스를 줄여야 하겠다는 결심입니다.

이론은 쉽지만 이 결심을 실천에 옮기는 일이 참 어렵습니다. 보통 결단과 의지와 노력이 아니면 작심삼일로 끝나기 일쑤입니다.

그런데 이와 같은 결심을 실천하기에 앞서 우리의 삶이 근본적으로 변화되어야 한다고 생각합니다.

우리의 성품이 변화되고 우리의 인격이 변화되면 이런 결심은 저절로 이루어질 수 있다고 봅니다.

인격의 변화를 열망하는 성도 여러분, 이 세상에서 가장 위대한 기적은 사람이 변화되는 것입니다. 그것은 사람이 변화되는 것보다 더 어려운 것은 없기 때문입니다.

강산은 하루가 다르게 변하는데 사람이 변하는 것은 정말 어렵습니다.

사람은 어린 시절부터 베어온 습관이 있기 때문에 그럴 것입니다. 물론 사람의 겉모습은 변합니다.

세월이 흐르면서 외모는 변하지만 근본 성품이 변화되는것은 참 어렵습니다.

그렇다면, 우리는 어떻게 해야지만 변화가 될 수 있을까요?

중요한 것은 한 인격의 변화는 사람의 힘으로만은 되는 것이 아니라는 사실입니다.

한 때 대도로 잘 알려진 어느 분이 완전히 새사람이 되었다고 매스컴에 대서특필을 한 적이 있습니다.

그의 간증을 들은 사람들은 그가 하나님의 은혜로 정말 변화되었다고 생각했습니다. 그러나 그는 간간이 좀도둑질을 계속해서 옛날 습성을 완전히 버리기가 얼마나 어려운 가를 온 세상에 보여주었습니다.

물론 그도 하나님을 믿어서 하나님의 은혜로 변화되었다고 했지만 그 옛날의 습관을 완전히 끊지 못했던 것입니다.

로마서 본문 12장 2절에 보면 '변화를 받아' 라는 말이 수동태로 되어 있습니다.

변화는 자기 스스로의 노력으로 주어지는 것이 아니라 오직 하나님의 은총으로 가능하다는 것입니다.

신약 성경에 와서 가장 놀랍게 변화된 세 사람을 들라하면 삭개오와 바울과 오네시모를 들 수 있을 것입니다.

이들의 변화는 인간의 노력으로 된 것이 아니라 전적인 하나님의 은혜로 된 것입니다!

삭개오는 여리고 성의 세리장으로서 돈을 많이 벌었습니다. 그러나 부자가 된 것이 정당하고 떳떳한 일이 아니었습니다. 주님을 만나 그 인생이 180도 변화되었습니다.

또 바울은 어떻습니까? 히브리인 중에 히브리인이요

바리새인 중에 바리새인으로서 율법적인 의가 대단했습니다. 그래서 기독교인들을 핍박해서 완전히 그 씨앗을 말리고자 했던 사람이었습니다. 그랬던 그가 다메섹 도상에서 부활하신 주님을 만나 어떻게 되었습니까?

오네시모도 마찬가지입니다. 그는 빌레몬이라는 기독교인의 종이었습니다. 그런데 자기 주인을 배신하고 재물을 훔쳐 몰래 도망쳤습니다. 그는 사형에 해당되는 중죄를 저질렀습니다. 그러던 그가 옥중에서 사도 바울을 만나 새사람으로 변화가 되었습니다.

여러분, 오네시모는 나중에 에베소에서 큰 일을 하는 자리에까지 올라갔습니다.

뿐만 아니라 바울 서신들을 모아서 출판하는 일도 했습니다.

얼마나 놀라운 변화입니까?

그 중심에 서 있는 성도님들도 진정한 변화를 받는 주님의 간섭 속에서 참 그리스도인으로 부끄러움 없는 삶으로 이어지시기를 축원합니다.

세가지 변화

그러므로 형제들아 내가 하나님의 모든 자비하심으로 너희를 권하노니 너희 몸을 하나님이 기뻐하시는 거룩한 산 제물로 드리라 이는 너희가 드릴 영적 예배니라 너희는 이 세대를 본받지 말고 오직 마음을 새롭게 함으로 변화를 받아 하나님의 선하시고 기뻐하시고 온전하신 뜻이 무엇인지 분별하도록 하라

변화에는 종류가 많지만 특히 세 가지 면에서 하나님의 은혜로 변화받으시기를 원합니다.

첫째로 '세상관계' 에 있어서 변화를 받으시길 바랍니다.

로마서 12장 2절 말씀에 "너희는 이 세대를 본 받지 말라"고 했습니다. 이 세상의 풍조를 따라 살지 말라는 것입니다. 이 세상은 사악합니다. 육의 생각으로 가득 차 있습니다.

두 명의 사악한 형제가 있었습니다.

둘 다 엄청난 부자였지만 가난한 사람들을 착취했고 마약과 여자에 빠져 살았습니다. 하지만 두 형제는 겉으로 독실한 성도로 보이기 위하여 교회에서는 누구보다도 헌금을 많이 했습니다. 그러던 어느 날 형이 사고로 죽게 되었습니다.

장례식 날 동생이 목사님에게 아주 거만한 투로 말했습니다.

"설교할 때 우리 형이 성자였다고 말해주시오."

드디어 조객들이 다 모인 가운데 목사님이 설교를 시작했습니다. "고인은 마약과 여자에 푹 빠져 살았고, 가난한 사람들을 착취했으며 돈을 평생 나쁜 곳에만 사용했습니다."

동생이 붉으락 푸르락하면서 목사를 노려보자, 목사님께서 말을 이어갔습니다.

"하지만 그 동생에 비하면 그는 성자였습니다!"

여러분, 우리 시대의 가장 큰 문제는 진짜 그리스도인들을 만나기 어렵다는 것입니다.

능력있는 그리스도인들이 되어서 이 세상을 변화시키는데 앞장 서시기를 바랍니다.

두 번째로 '사람 관계'에 있어서 마음을 새롭게 함으로 변화를 받아야 합니다.

로마서 12장 2절을 이어가 보면 "오직 마음을 새롭게 함으로 변화를 받아"라는 말씀이 나옵니다.

우리의 마음부터 바뀌지 않으면 세상은 바꾸어지지 않습니다. 먼저 내 마음이 변화를 받을 때 세상은 달라질 수 있습니다.

잠언서 4장 23절에 "무릇 지킬만한 것보다 더욱 네 마음을 지키라 생명의 근원이 이에서 남이니라."

진정한 변화는 우리 마음에서부터 시작됩니다. 마음이 변화되면 행동이 변화되고 행동이 변화되면 성격이 변화됩니다.

성 어거스틴이 남긴 말씀 중에 이런 말씀이 있습니다..

"우리의 의지가 왜곡되어 육욕이 생겼고, 육욕을 계속 따름으로 버릇이 생겼으며, 그 버릇을 저항하지 못해 필연이 생기게 되었다"라는 것입니다.

그리하여 어거스틴은 "습관의 폭력"이라는 유명한 말을 합니다.

뻔히 옳지 않다는 사실을 알면서도 습관의 폭력 때문에 자기도 모르게 죄를 짓는 것입니다.

성도 여러분, 2011년의 봄에는 무엇보다도 마음 수양을 잘 해서 마음이 새로워질 수 있게 되시기를 바랍니다.

　셋째로 '하나님과의 관계'에 있어서 하나님의 선하시고 기뻐하시고 온전하신 뜻이 무엇인지 분별하도록 변화를 받아야 합니다.

　변화되기 전에는 자기중심적으로 살았는데 변화된 다음부터는 하나님 중심, 이웃 중심으로 살게 됩니다.

　변화되기 이전에는 모든 선택의 기준이 '나의 이익이나 편리'였는데 이제는 하나님의 은혜를 받아 변화되면 하나님의 뜻을 먼저 헤아리게 됩니다.

　이제는 하나님의 선하시고 기뻐하시고 온전하신 뜻만 이루어드리는 우리 모두가 되시길 바랍니다.

　하나님의 진실하신 뜻만 붙들면 어느 곳에서나 승리할 수 있을 것입니다.

　하나님께서 책임져 주시기 때문입니다.

　성도 여러분의 가정에 하나님의 크신 은총과 축복이 충만하시길 주님의 이름으로 축원합니다!

5월의 시와 함께

변화되게 하소서

많은 것을 알지만
이론입니다.

지혜롭다 하지만
세상지식입니다.

형상은 이루지만
인간의 塔입니다.

함께는 일하지만
이득계산입니다.

자유해 보이지만
묶여져 갑니다.

고난이 있지만
죄의 報應입니다.

변화되게 하소서
이론이 변하여 감동의 눈물이
섞이게 하소서

세상지식 변하여
진리로 치닫게 하시고
인간의 탑이 변하여 그리스도의
형상을 이루게 하소서
■

부모와 자녀의 관계

자녀들아 주 안에서 너희 부모에게 순종하라 이것이 옳으니라
네 아버지와 어머니를 공경하라 이것은 약속이 있는 첫 계명이
니 이로써 네가 잘되고 땅에서 장수하리라 또 아비들아 너희
자녀를 노엽게 하지 말고 오직 주의 교훈과 훈계로 양육하라

5월은 가정의 달입니다.

첫째주간은 어린이 주간으로 지내고 있습니다.

이 시간에는 부모와 자녀관계에 대하여 말씀을 전하고자 합니다.

요즘처럼 자녀를 하나 혹은 둘씩 만 갖고 있는 때에는 자녀에 대한 관심이 지대할 뿐만 아니라 도를 넘어가는 경우도 많이 보게 됩니다.

그렇다보니 마마보이라든가 캥거루족 이라는 신종어도 탄생시키게 까지 되었습니다.

부모는 항상 자녀에게 친구가 되어있어야 합니다. 그리고 자녀에게 이 세상을 혼자서 살 수 없고 함께 산다는 공동체 의식을 길러주어야 합니다.

교회에 와서도 함께 예배드리고 함께 여행도 하고 이웃을 불쌍히 여기고 약한 자와 강한 자 모두 손을 잡고 공동체 생활을 해야 한다는 것을 깨닫게 해 주면 행복해지는 것입니다. 그리고 자녀가 부모에게 대해서 해야 하는 효는 무엇보다 앞서야 하는 당연한 일입니다.

부모를 잘 받드는 자식은 아내도 충실하게 돌보고 사회에서도 훌륭한 사람이 됩니다. 그러나 부모를 공경하지 않고 불효한 자는 아내도 돌보지 아니하고 사회에서도 정상적인 사람이 되지 않습니다.

오늘날 많은 가정에 아내가 남편이 부모에게 효도하려면 허리춤을 잡아당깁니다.

‘왜 그 많은 돈을 주느냐！ 왜 아버지 어머니에게 헌신적으로 하느냐?’

이렇게 해서 효도를 못하게 하는 아내들이 많습니다.

그것은 자기 눈을 자기 손가락으로 찌르는 것입니다.

부모에게 효도하지 않은 남편은 부인에게도 충실하지 않습니다.

출애굽기 20장 12절에 “네 부모를 공경하라

그리하면 너의 하나님 나 여호와가 네게 준 땅에서 네 생명이 길리라”
고 말씀하고 있습니다.

부모에게 근심을 끼치지 않는 것이 부모에게 효를 하는 것입니다.

마태복음 15장 4절에 “하나님이 이르셨으되 네 부모를 공경하라 하시고 또 아비나 어미를 훼방하는 자는 반드시 죽으리라 하셨거늘”이라고 기록되어 있습니다.

또한 행복한 관계를 유지하기 위해서는 무엇보다도 함께 교회 생활을 충실히 해야 합니다. 가족이 모두 봉사와 교제에 참여해야만 하는 것입니다.

성경에 보면 고넬료의 가정은 경건하여 하나님을 경외하며 백성을 많이 구제하고 하나님께 항상 기도했다고 기록되어 있습니다.

온 가족이 주일날 모두 교회에 나와서 예배를 드리고 하나님을 경건히 섬기는 이와 같은 교회 생활이 행복을 가져오는 중요한 기회가 되는 것입니다.

교회에 와서 하나님을 예배하고, 하나님을 찬미하고, 하나님께 기도할 때, 주님께서 우리의 삶 속에 큰 변화를 가져다 주기 때문인 것입니다. 그리고 교회에 와서 가족단위로 좋은 가족들을 친구로 사귈 수 있습니다.

　인생은 혼자 살 수 없습니다. 같이 와서 주를 경외하고 하나님을 섬기는 좋은 가족 단위의 친구를 얻을 수 있음으로 함께 하나님을 섬기고 함께 서로 교제할 수 있는 좋은 친구를 얻을 수 있으니 교회가 더욱 좋아지는 것입니다. 그리고 예배 후 가족이 함께 모일 수 있는 기회를 만들 수 있습니다. 요사이 바쁜 세월에 좀처럼 가족이 함께 만날 수 없는 상황에서 얼마나 좋습니까?

　그러므로 예배 후에 시간을 내어서 가족들이 모여서 점심 식사나 저녁 식사라도 함께 하고 집으로 돌아가는 그런 모임을 통해 대화를 할 수 있으면 행복을 가질 수 있는 길이 되는 것입니다.
　가정의 달에 교회를 통한 가족간의 만남을 통하여 행복을 업그레이드 시키실 수 있기를 원합니다.

행복한 가정을 위하여

아내들이여 자기 남편에게 복종하기를 주께 하듯 하라 이는 남편이 아내의 머리됨이 그리스도께서 교회의 머리 됨과 같음이니 그가 바로 몸의 구주시니라 그러므로 교회가 그리스도에게 하듯 아내들도 범사에 자기 남편에게 복종할지니라 남편들아 아내 사랑하기를 그리스도께서 교회를 사랑하시고 그 교회를 위하여 자신을 주심 같이 하라 이는 곧 물로 씻어 말씀으로 깨끗하게 하사 거룩하게 하시고 자기 앞에 영광스러운 교회로 세우사 티나 주름 잡힌 것이나 이런 것들이 없이 거룩하고 흠이 없게 하려 하심이라 이와 같이 남편들도 자기 아내 사랑하기를 자기 자신과 같이 할지니 자기 아내를 사랑하는 자는 자기를 사랑하는 것이라 누구든지 언제나 자기 육체를 미워하지 않고 오직 양육하여 보호하기를 그리스도께서 교회에게 함과 같이 하나니 우리는 그 몸의 지체임이라 그러므로 사람이 부모를 떠나 그의 아내와 합하여 그 둘이 한 육체가 될지니 이 비밀이 크도다 나는 그리스도와 교회에 대하여 말하노라

그러나 너희도 가각 자기의 아내 사랑하기를 자신 같이 하고
아내도 자기 남편을 존경하라 자녀들아 주 안에서 너희 부모에
게 순종하라 이것이 옳으니라 네 아버지와 어머니를 공경하라
이것은 약속이 있는 첫 계명이니 이로써 네가 잘되고 땅에서
장수하리라 또 아비들아 너희 자녀를 노엽게 하지 말고 오직
주의 교훈과 훈계로 양육하라

이번 주는 어버이 주간입니다.

인류의 첫 가정은 하나님께서 이룩해 주신 에덴 가정이었습니다.

하나님을 모시고 아담과 하와 부부가 에덴에서 삶의 보금자리를 폈습니다. 그러나 그들의 행복은 오래 가지 않았습니다.

마귀의 꾐에 빠져 하나님께 불순종하고 상처투성이가 되어 에덴 동산에서 쫓겨나고 말았습니다. 이처럼 인류 첫 조상이 이룩한 가정은 결코 행복하지 못했습니다.

행복한 가정의 절대적인 조건은 절대 주권자이신 하나님을 온전히 모시고 섬기는데 있습니다.

시편 127편 1절로 2절에 "여호와께서 집을 세우지 아니하시면 세우는 자의 수고가 헛되도다"라고 말씀하십니다.

그렇기 때문에 우리가 행복한 가정을 이루기 위해서는 먼저 그의 나라와 그의 의를 구해야 됩니다.

복의 근원이 되신 우리 하나님을 가정에 중심으로 섬겨서 하늘나라를 간절히 사모하고 살아가면 우리 가정에 복의 문이 활짝 열리게 되는 것입니다.

행복한 가정을 만들기 위해서는 하나님과 연결이 되어 있어야만 합니다. 그러므로 가족이 모이기를 힘써서 가정 예배를 드려야 합니다.

주일날은 꼭 교회에 와서 하나님께 예배드리고 하나님과 우리와 하나가 되어 산다는 확실한 신앙의 증거를 보여 주어야 될 것입니다. 그리고 기도를 게을리 하지 말아야 됩니다. 기도는 하나님의 거룩한 성령을 가정에 모시고 모든 마귀의 훼방을 물리치는 것입니다.

행복한 가정은 먼저 하나님과의 올바른 관계가 이루어지고 그것이 실천될 때에 이루어질 수 있는 것입니다. 그리고 행복한 가정을 이루기 위해서는 남편과 아내의 관계가 원만해야만 합니다. 남편은 남편으로서의 특권과 의무가 있습니다.

남편은 가정의 머리라고 성경에 말했습니다. 그러므로 마땅히 가정의 리더로서 존경을 받을 권리가 있습니다. 가정에서 남편이 존경을 받지 못하면 이것은 날개가 부러진 새와 같습니다.

요사이 가정은 사랑과 존경으로 이루어지는 것이 아니고 돈이 가정을 이루고 있습니다.

이것이 문제입니다.

지금 길거리에서 잠을 자고 있는 노숙자에게 언제 집으로 돌아가겠느냐고 물어 보면 모두 다 똑같이 돈을 벌면 집으로 돌아가겠다고 말합니다. 돈이 집처럼 돼버렸습니다. 남편은 돈이 있든지 없든지 가정의 리더로서 머리로서 존경을 받을 권리가 있습니다.

그리고 남편은 아내를 사랑해야 합니다.

골로새서 3장 19절에 "남편들아 아내를 사랑하며 괴롭게 하지 말라" 고 기록된 것을 보십시오.

오늘날 아내를 괴롭게 하는 남편들이 매우 많습니다.

남편이 권위주의로만 가정을 이끌어 가려고 하기 때문입니다.

남편은 부드럽고 따뜻하며 자상스럽고 이해와 동정심이 많아야 합니다.

하나님께서 가정을 세우실 때에 하나님은 남녀에게 인격적인 동등한 권한을 주었지만 가정을 이루는 데에 있어서는 순서가 있습니다.

남편은 가정의 머리요 리더요 아내는 남편을 내조하고 존경해야 합니다. 아내의 마음속에 남편에 대한 존경심이 사라지고 남편에게 복종할 마음이 없어지면 벌써 아내로서의 의무를 포기한 것입니다. 그런 가정은 끝없는 고뇌가 따르는 것입니다. 역사를 통해서 보면 훌륭한 남편 뒤에는 훌륭한 아내가 있습니다.

남편과 아내가 손을 합쳐서 행복의 사냥꾼이 되어야 합니다. 남편과 아내가 서로 손을 맞잡고 행복을 멋지게 사냥하는 계절이 되시기를 기원합니다.

우리 시대의 스승

또한 유다 땅 총독으로 세움을 받은 때 곧 아닥사스다 왕 제이십년부터 제삼십이년까지 십이 년 동안은 나와 내 형제들이 총독의 녹을 먹지 아니하였느니라 나보다 먼저 있었던 총독들은 백성에게서, 양식과 포도주와 또 은 사십 세겔을 그들에게서 빼앗았고 또한 그들의 종자들도 백성을 압제하였으나 나는 하나님을 경외하므로 이 같이 행하지 아니하고 도리어 이 성벽 공사에 힘을 다하며 땅을 사지 아니하였고 내 모든 종자들도 모여서 일을 하였으며 또 내 상에는 유다 사람들과 민장들 백오십 명이 있고 그 외에도 우리 주위에 있는 이방족속들 중에서 우리에게 나아온 사들이 있었는데 매일 나를 위하여 소 한 마리와 살진 양 여섯 마리를 준비하며 닭도 많이 준비하고 열흘에 한 번씩은 각종 포도주를 갖추었나니 비록 이같이 하였을지라도 내가 총독의 녹을 요구하지 아니하였음은 이 백성의 부역이 중함 이었더라 내 하나님이여 내가 이 백성을 위하여 행한 모든 일을 기억하사 내게 은혜를 베푸시옵소서 이번 주는 스승의 주간입니다.

우리 시대의 스승이라는 제목으로 은혜를 나누고자 합니다.

느헤미야 5장에 나타난 느헤미야는 성경이 우리에게 보여주는 지도자상이라고 볼 수 있습니다.

그는 주전 445년 페르시아의 수산궁 아닥사스다 왕을 받드는 고위직에 있었던 분입니다.

하루는 자기 동생이 돌아와서 고국의 참상을 이야기해주었습니다. 성문이 다 무너지고 성벽이 다 불에 타고 백성들은 말할 수 없는 환란 중에 있다는 소식을 듣게 되었습니다.

그는 그 소식을 듣고 눈물을 흘리며 금식하며 기도합니다. 그의 수심어린 얼굴을 본 임금님께서 "무슨 일로 그렇게 얼굴에 수심이 가득하냐"고 물었습니다.

그때 느헤미야는 임금에게 조국의 어려움 당함을 다 이야기했습니다. 왕은 그의 소원을 들어주어 고국으로 보내 일을 하도록 명을 내리며 일을 마치고 꼭 돌아오라고 하였습니다. 그래서 그는 고국에 돌아가서 백성들의 지도자로서 모든 수고를 하며 마침내 성벽을 쌓았습니다.

또한 신앙의 재건과 부흥을 위해 지도자로서 능력을 발휘하게 되었습니다. 느헤미야가 보여준 민족적인 스승의 상은 무엇입니까?

무엇보다도, **사명자가 되어 있을 때 가능합니다.**

그는 고국에 있는 자기 백성의 아픔을 들었을 때에 하나님 앞에 금식하며 기도했습니다.

그리고 그 사명을 다하기 위해서 왕을 받드는 고위직을 버리고 고국으로 돌아가서 고난에 함께 동참하는 모습을 보여주고 있습니다.

지도자에게 있어서 가장 중요한 것은 바로 사명의식입니다.

하나님의 부르심에 확신이 없는 지도자는 환란과 어려움을 이기지 못합니다.

가르침에 있어서도 소명의식을 가지고 일하게 되면 내면의 세계와 내가 일하는 곳이 새로워지게 되는 것입니다. 그리고 열매가 있습니다.

주일학교에서 가르치는 우리 선생님들이 사명 가지고 학생을 가르칠 때는 보람되고 즐겁고 힘들지 않게 일할 수 있으며 아름다운 열매가 맺혀지는 것을 보게 될 것입니다.

교회학교에서 청소년을 가르치는 일이 얼마나 보람된 일인가 생각하시기 바랍니다. 지금 중학생들을 가르쳐 10년 후면 그들이 20대 중반이며, 20년 후에는 사회의 명사들이 되어져 있을 것입니다.

이것이 가르치는 자의 보람입니다.

한 소년이 '위대한 스승'을 만나기 위해 오랫동안 방황했습니다.

소년은 깊은 숲과 황량한 사막을 헤맸으나 '위대한 스승'을 찾지 못했습니다.

그때 흰 수염과 맑은 눈동자를 지닌 한 노인이 나타나 소년에게 물었습니다.

"소년아, 왜 그렇게 방황하고 있느냐" 소년이 대답 했습니다.

"위대한 스승을 찾고 있습니다."

노인은 얼굴 가득히 온화한 미소를 지으며 말했습니다.

"네가 찾는 위대한 스승이 어디에 있는지 가르쳐주마.

지금 곧장 너희 집으로 돌아가라. 그러면 한 사람이 신발도 신지 않은 채 뛰어나올 것이다.

그 사람이 바로 네가 찾는 '위대한 스승'이란다"

소년은 '위대한 스승'을 빨리 만나고 싶어 집으로 달려갔습니다.

소년이 대문을 두드리자 한 여인이 신발도 신지 않은 채 뛰어나와 소년을 맞았습니다.

그 '위대한 스승'은 바로 소년의 어머니였습니다.

어머니는 최선의 교육자입니다. 어머니는 이 세상에서 가장 위대한 스승입니다. 왜냐하면 사명적으로 키우시기 때문입니다.

진정 사명의식으로 가르칠 때 참다운 스승이 되어 있을 것입니다. 사명감으로 후진을 양육하는 어른들이 되시기를 바랍니다.

참다운 지도자

또한 유다 땅 총독으로 세움을 받은 때 곧 아닥사스다 왕 제이십년부터 제 삼십이 년까지 십이 년 동안은 나와 내 형제들이 총독의 녹을 먹지 아니하였느니라 나보다 먼저 있었던 총독들은 백성에게서, 양식과 포도주와 또 은 사십 세겔을 그들에게서 빼앗았고 또한 그들의 종자들도 백성을 압제하였으나 나는 하나님을 경외하므로 이 같이 행하지 아니하고 도리어 이 성벽 공사에 힘을 다하며 땅을 사지 아니하였고 내 모든 종자들도 모여서 일을 하였으며 또 내 상에는 유다 사람들과 민장들 백 오십 명이 있고 그 외에도 우리 주위에 있는 이방족속들 중에서 우리에게 나아온 자들이 있었는데 매일 나를 위하여 소 한 마리와 살진 양 여섯 마리를 준비하며 닭도 많이 준비하고 열흘에 한 번씩은 각종 포도주를 갖추었나니 비록 이같이 하였을지라도 내가 총독의 녹을 요구하지 아니하였음은 이 백성의 부역이 중함 이었더라 내 하나님이여 내가 이 백성을 위하여 행한 모든 일을 기억하사 내게 은혜를 베푸시옵소서

　참다운 지도자가 되려면 항상 하나님 앞에 서 있다는 마음을 가져야 합니다.

　느헤미야 5장 14절로 19절에 등장하는 느헤미야는 고위직에 있었지만 12년 동안이나 하나님을 경외하기 때문에 녹을 받지 않고, 다른 총독들 처럼 텃새하지도 아니하고, 뇌물을 먹지 아니했으며, 백성을 압제하지 아니했다고 했습니다.
　이와같이 진정한 믿음의 지도자가 이 시대에 필요한 지도자라고 생각합니다.
　시대가 어려울수록 진정한 스승을 찾고 있습니다.
　우리 모두 사명 갖고, 본을 보이시고, 사랑을 실천하시고, 꿈을 심어주는 하나님 앞에 서 있는 이 시대의 진정한 스승의 모습으로 설 수 있기를 주의 이름으로 축원합니다.

　프랑스의 화가 밀레는 원래 나체화에 심취한 사람이었었습니다.
　그는 파리에서 가족들과 호화롭게 생활하며 미술공부를 했는데 미술평론가들로부터 혹독한 비판을 받았습니다.
　큰 충격을 받은 밀레는 가족들을 이끌고 바르비종이라는 시골로 이사했습니다. 그는 아름답고 정직한 자연을 접하면서 잠시 잃었던 신앙의 순수성을 회복했습니다. 그리고 자연의 위대함과 인간의 소박한 삶을 소재로 작품을 그리기 시작했습니다.
　이때 그려진 그림들이 바로 세계적 명화인 '만종', '씨 뿌리는 사람' 등입니다.

또한 참다운 지도자가 되려면 바른 길로 인도하여야 합니다.

대부분의 사람들은 미켈란젤로의 이름은 기억하고 있지만, 보톨도 지오바니라는 이름을 기억하는 사람은 그리 많지 않습니다. 보톨도 지오바니는 미켈란젤로의 스승입니다. 미켈란젤로가 14살이 되었을 때, 그는 보톨도의 문하생이 되기 위해서 찾아왔습니다.

그의 놀라운 재능을 본 보톨도는 그에게 이렇게 묻습니다.

"너는 위대한 조각가가 되기 위해서 무엇이 필요하다고 생각하느냐?"

"제가 가지고 있는 재능과 기술을 더 닦아야 한다고 생각합니다."

"네 기술만으로는 안 된다. 너는 네 기술로써 무엇을 위하여 쓸 것인가 먼저 분명한 결정을 해야 된다."

그리고 미켈란젤로를 데리고 나가서 두 곳을 구경시켜 주었습니다. 처음으로 구경시켜준 곳은 바로 술집입니다.

"스승님, 술집 입구에 아름다운 조각이 있어요."

"이 조각은 아름답지만 조각가는 술집을 위해서 이 조각을 사용했단다."

이 스승은 다시 어린 미켈란젤로의 손을 잡고서 아주 거대한 교회당으로 가서 아름다운 조각상을 보여주었습니다.

"너는 이 아름다운 천사의 조각상이 마음에 드느냐, 아니면 저 술집 입구에 있는 조각상이 마음에 드느냐?

너는 네 기술과 재능을 무엇을 위하여 쓰기를 원하느냐?"

스승의 물음에 어린 미켈란젤로는 세 번씩 대답했다고 합니다.

"하나님을 위하여, 하나님을 위하여, 하나님을 위하여 쓰겠습니다!"

우리는 지금 우리가 가지고 있는 몸, 시간, 기회 등 이 모든 것을 무엇을 위해서 쓰고 있습니까?

어떤 목사님이 차를 몰고 가다가 갑자기 차선변경 하는 차 때문이 깜짝 놀랐습니다.

즉시 속력을 내어 추월하면서 주먹을 휘두르려고 할 때, 그 목사님 마음속에 계신 성령님께서 급히 말씀하셨습니다.

"손을 펴라." 그는 무의식적으로 손을 폈습니다.

"이제는 그 손을 흔들어라." 손을 흔들며 미소를 보내는 그의 얼굴에는 뜨거운 눈물이 번졌습니다.

이 방송을 청취하시는 모든 성도 여러분은 참다운 지도자로 성숙되어 가시기를 주님의 이름으로 축원합니다.

6월의 시와 함께

메마른 감사

삼 년 가뭄에 대지가 목이 타있고
가시 돋친 엉겅퀴만 삐쭉이 솟아난 것은
마음에 감사가 가물어서
가시만 남아있기 때문이요

훨훨 벗어버린 가시나무에서
쬐깐 열매마저 딸 수 없는 것은
마음에 감사가 가물어서
앙상한 줄기만 남아있기 때문이요

열매 없는 가지가
뒤뚤려 꼬여 노는 것은
마음에 감사가 가물어서
꼬여 엉킨 뿌리만 남아있기 때문입니다

삼 년 가뭄에 대지가 쪼개어져 갈 그 때에
숨어살던 뿌리마저 히죽이는 것은
마음에 감사가 가물어서
뿌리내릴 여가를 찾지 못해서요

마음의 처마 끝 조차에도
단비를 내릴 줄 모르는 것은
감사가 메말라 버린
그대의 마음 때문입니다.

이득의 분량에 희생이
가득하게 하시고
자유의 가식에 허물벗는
진실이 스며들게 하소서

죄 삶의 고난이 아니라
傳하는 자로서의
고난이게 하소서

그래서
하나님이 통치하신다 하는 자의
山을 넘는 발이
아름답게 하소서 !

내 가정을 천국으로

아브람의 아내 사래는 출산하지 못하였고 그에게 한 여종이 잇으니 애굽 사람이요 이름은 하갈이라 사래가 아브람에게 이르되 여호와께서 내 출산을 허락하지 아니하셨으니 원하건대 내 여종에게 들어가라 내가 혹 그로 말미암아 자녀를 얻을까 하노라 하매 아브람이 사래의 말을 들으니라 아브람의 아내 사래가 그 여종 애굽 사람 하갈을 데려다가 그 남편 아브람에게 첩으로 준 때는 아브람이 가나안 땅에 거주한 지 십 년 후 였더라 아브람이 하갈과 동침하였더니 하갈이 임신하매 그가 자기의 임신함을 알고 그의 여주인을 멸시한지라 사래가 아브람에게 이르되 내가 받는 모욕은 당신이 받아야 옳도다 내가 나의 여종을 당신의 품에 두었거늘 그가 자기의 임신함을 알고 나를 멸시하니 당신과 나 사이에 여호와께서 판단하시기를 원하노라 아브람이 사래에게 이르되 당신의 여종은 당신의 수중에 있으니 당신의 눈에 좋을 대로 그에게 행하라 하매 사래가 하갈을 학대하였더니 하갈이 사래 앞에서 도망하였더라 가정의 달 5월이 마무리 되어 가고 있습니다. 아름다운 가정, 교회같은 가정들이 되시기를 먼저 주님의 이름으로 축복합니다.

가정이 귀중함은 두말할 나위가 없습니다. 가정을 통해서 개개인의 인격이 형성되고 행복과 불행이 결정되기 때문입니다.

뿐만 아니라 사회의 근본 단위가 가정이기 때문에 가정의 문제는 사회, 나라, 민족의 문제요, 교회의 문제이기도 합니다. 그러기에 내 가정을 천국으로 만들어가는 역사가 있어야 합니다.

그래서 **"내 가정을 천국으로"**라 제목하고 말씀을 드리려 합니다.

창세기 16장 1절로 6절을 보면 믿음의 조상 아브람의 가정에 심한 갈등이 생기게 됨을 보게 됩니다.

하나님의 약속 믿고 가나안까지 와서 10년이 지남에도 자식이 없자 인간적인 방법이 동원됩니다.

사래의 여종 하갈을 통한 방법은 하갈이 잉태된 것 알고 주인을 멸시함으로 쫓겨남을 당합니다.

아브람 부부사이에도 갈등하는 모습을 볼 수 있고 그 결과 이스마엘을 얻게 되어 오늘날까지 중동의 큰 위기를 낳게 하는 원천이 되었습니다.

이런 원인이 어디 있는가를 찾고 내 가정은 천국으로 만들어야 하기에 어떻게 해야 할 것인가를 생각하며 은혜 받고자 합니다.

먼저 우리는 **하나님을 중심으로 생각하고 살아가는 가정되어야 합니다.**

사래의 생각이 자신이 늙어 아이를 이제는 낳을 수가 없다,

하나님이 허락지 아니하셨다고 생각하니 세상 풍습대로 여종을

통해 자식을 얻어야 되겠다 하고 생각합니다.

이를 아브람에게 말하고 아브람도 여자의 말을 들었다고 했습니다. 이것이 어려움을 주는 원인입니다.

하나님의 약속이 여러 번 주어졌으니 인간적인 생각은 버리고 하나님 중심으로 생각하여 살았다면 아름다운 삶이 될 수 있었던 것입니다.

아브람도 하나님의 음성을 듣던 자가 아내의 말을 들었으니 이렇게 불행한 일이 일어난 것입니다.

사랑하는 성도 여러분! 하나님을 생각하고 믿음으로 하나님 중심으로 살아가게 되면 하나님의 뜻을 알고 그 능력에 인도함 받게 되고 천국의 삶이 이루어집니다.

하나님 중심으로 생각하고 살아가는 것이 악해진 세상에서 볼 때 어리석고 미련하고, 좀 손해 보는 것 같아도 하나님이 내 가정에 천국을 만들어 주시는 것입니다.

또한 믿음으로 인내해야 합니다. 아브라함은 하나님의 약속을 믿었기에 고향도 떠났고 오랜 세월도 기다렸습니다.

그래도 소식이 없으니 더 이상 기다리지 못하고 세상 풍습을 따라버렸으니 이것이 문제의 원인입니다.

믿었으면 끝까지 믿고 어려움도 이기고 의심도 물리치고 기다렸어야 합니다.

믿음의 인내가 부족했던 것입니다. 우리 모두는 믿음 갖고 인내하십시다.

하나님의 약속 믿음으로 붙잡고 끝까지 견디어 천국 만들어 봅시다.

부부간에도 서로가 다른 환경과 조건 속에서 자랐기에 이해하지 못할 일들이 다분히 있습니다. 그것을 참고 서로 위로 격려하면서 내가 참아 나아갈 때 화평도 있고 기쁨이 넘치는 천국의 삶이 될 줄로 믿습니다. 세대 간의 차이도 믿음으로 인내하십시오. 때를 기다릴 줄 아는 것도 성령의 열매입니다.

인내가 단순히 참고 견디는 것을 넘어 믿고 기다리는 것입니다.

모든 사람이 다 나 같지 아니합니다. 서로 다르기에 다양한 삶이 공동 사회를 이룹니다. 그러기에 참고 기대하며 하나님의 기쁘신 뜻을 이루는 천국을 만들어 가야 합니다.

행복한 사람

항상 기뻐하라 쉬지 말고 기도하라 범사에 감사하라 이것이
그리스도 예수 안에서 너희를 향하신 하나님의 뜻이니라

행복한 사람이 누구입니까?

데살로니가전서 5장 16절로 18절은 행복한 사람이 어떤 사람인지를 잘 보여주고 있습니다.

첫째로 기뻐하는 사람이 행복한 사람입니다.

사도 바울은 옥에 갇혀 있으면서도 항상 기뻐했습니다.

왜 그랬을까요?

주님 사랑의 품안에 있었기 때문이었고 성도들의 사랑의 품안에 있었기 때문이었습니다.

빌립보서 4장 10절에 보면 사도 바울은 "내가 주 안에서 크게 기뻐한다"고 고백했고, 빌립보교회 성도들이 자기를 생각하던 것이 다시 싹이 났기 때문에 기뻐한다고 고백했습니다.

주님의 품에서 멀어진 사람들은 기쁨을 잃어버리고 맙니다.

성도들의 품에서 멀어진 사람들은 기쁨을 잃어버리고 맙니다.

주님과 성도들의 품안에 있을 때 교회와 하나님의 종들의 품안에 있을 때 기뻐하는 행복한 사람이 됩니다.

둘째로 기도하는 사람이 행복한 사람입니다.

사도 바울은 기도하면서 주님의 품에 깊이 안겼습니다.

"내가 주님 안에 주님이 내 안에 있다"고 고백하기도 했습니다.

사도 바울은 기도하면서 성도들의 품에 깊이 안겼습니다. 자기가 성도들의 품안에 안겨 있는 듯한 행복을 느꼈을 것입니다.

"내가 너희를 생각할 때마다 나의 하나님께 감사하며 간구할 때마다

너희 무리를 위하여 기쁨으로 항상 간구함은… 너희가 내 마음에 있음이며”(빌 1:3,4,7)

기도는 주님의 품과 성도의 품 안에 있게 하는 진한 사랑의 숨결과 같은 것입니다. 그래서 기도는 기쁨을 만들어내고 감사를 만들어 내고 행복을 만들어 냅니다.

기도는 꽃을 아름답게 꽃 피우는 수분과도 같다고 생각합니다.

수분이 부족하면 꽃은 시들어버리고 맙니다. 기도의 숨결이 그치고 기도의 수분이 그치면 사람은 불행해지고 추하게 됩니다.

스데반에게는 마지막 순간까지 기도가 있었습니다. 그래서 그에게는 아름다움이 있었습니다. 얼굴이 천사와 같았습니다. 스데반은 기도하면서 주님의 품에 깊이 안겼습니다. 그는 가장 행복한 사람이 되었습니다.

기도가 끊어진 사람은 주님의 품과 성도들의 품을 떠난 불행한 사람입니다. 기도가 계속되는 사람은 주님의 품과 성도들의 품안에 있는 행복한 사람입니다.

셋째로 감사하는 사람이 행복한 사람입니다.

사도 바울은 항상 감사했습니다.

옥 중에서도 감사했고, 매를 맞으면서도 감사했고, 먹지 못하고 자지 못하면서도 감사했습니다.

고린도전서 9장 15절에서 “말할 수 없는 그의 은사를 인하여 하나님께 감사하노라"라고 고백했습니다.

디모데전서 1장 12절에서는 "나를 능하게 하신 그리스도 예수 우리 주께 감사함은 나를 충성되이 여겨 내게 직분을 맡기심이니"라고 고백하기도 했습니다.

감사는 공기와 같고 햇빛과 같습니다.

기도가 꽃을 아름답게 꽃 피우는 수분과 같다면 감사는 꽃을 아름답게 꽃 피우는 맑은 공기와 따스한 햇빛과 같다고 생각합니다.

누가 행복하고 아름다운 사람입니까? 기쁨의 꽃을 꽃 피우는 사람이 행복하고 아름다운 사람입니다.

기도의 수분과 감사의 공기를 마시면서 기쁨의 꽃을 피우는 사람이 아름답고 행복한 사람입니다.

세 가지를 회복하시기 바랍니다. 여러분들은 모두 기뻐하며 행복하게 사실 수 있는 분들입니다.

성도 여러분들은 모두 기도하며 행복하게 사기기 바랍니다. 여러분들은 모두 감사하며 행복하게 사시기 바랍니다. 기쁨과 기도와 감사를 지닌 행복하고 아름다운 꽃들이 다 되시기를 바랍니다.

성령강림의 축복

오순절 날이 이미 이르매 그들이 다 같이 한 곳에 모였더니 홀연히 하늘로부터 급하고 강한 바람 같은 소리가 있어 그들이 앉은 온 집에 가득하며 마치 불의 혀처럼 갈라지는 것들이 그들에게 보여 각 사람 위에 하나씩 임하여 있더니 그들이 다 성령의 충만함을 받고 성령이 말하게 하심을 따라 다른 언어들로 말하기를 시작하니라

이번 주는 성령강림절 주간입니다.

예수님께서 승천하시고 오순절을 맞이하여, 다락방에 모여 기도하는 120여명의 제자들에게 성령께서 임재하신 날입니다.

이 시간에는 교회력에 맞추어 성령강림의 축복에 대한 말씀으로 은혜를 나누고자 합니다.

성령강림의 축복과 함께 진정한 예배, 진정한 교제가 이루어지고 세상이 줄 수 없는 평안이 함께 하시기를 축원합니다.

성령의 강림은 무엇보다도 온 집에 가득한 축복입니다.

성령 강림의 첫 번째 현상은 "하늘로부터 급하고 강한 바람 같은 소리가 있어 그들이 앉은 온 집에 가득하며"라고 말씀하십니다.

성령께서 온 집에 임하신 이유는 무엇입니까?

누구든지 다 받기를 원하시는 하나님의 마음입니다.

성도님들의 가정에 성령이 함께 하시기를 원하십니다.

또한 모두에게 성령은 임재하시기를 원하십니다.

모두에게 성령충만하게 하시기를 원하시는 것입니다.

성령의 강림과 성령의 충만은 다릅니다.

성령은 강림하실 뿐만 아니라 충만하시기를 원하십니다.

성령은 다른 신과 함께 하실 수가 없습니다.

대 부흥사로 활약했던 무디는 성령의 충만을 이렇게 설명했습니다.

어떻게 하면 컵에 공기를 제거할 수 있습니까?

어떤 분은 공기를 컵에서 다 빼내고 압축하여 진공으로 만들면 된다

고 하였습니다. 그 때 무디는

"아닙니다. 그렇게 하면 컵이 깨집니다. 물을 집어넣으면 공기가 제거 될 수 있습니다"고 하였습니다.

빈 곳을 예수 그리스도로 채워야 합니다. 빈틈이 있으면 안 됩니다. 마귀는 항상 틈새를 공략합니다.

귀신을 몰아내고 안일하게 되면 더 악한 귀신들이 들어오게 됩니다. 우리는 항상 성령충만해야 합니다.

사도행전 16장에는 두 가지 큰 사건이 있습니다.

바울이 루디아의 집에 들어갑니다.

루디아가 예수를 믿고 **"그와 그 집이 다 세례를 받고"** 신자가 되었습니다.

루디아는 온 집이 함께 한 예수를 믿은 가정입니다.

그리고 바울이 감옥에 갇혔다가 간수를 회개하게 하였습니다.

간수의 집은 **"그와 온 집이 하나님을 믿으므로"** 라고 기록하고 있습니다. 온 집이 다 하나님을 믿게 된 것입니다. 하나님은 온 집이 하나님을 믿기를 바라십니다.

시편 115편 12절에는 "여호와께서 우리를 생각하사 복을 주시되 이스라엘 집에도 복을 주시고 아론의 집에도 복을 주시며"라고 말씀하십니다.

사무엘하 6장 11절에는 **"여호와의 궤가 가드 사람 오벧에돔의 집에 석 달을 있었는데 여호와께서 오벧에돔과 그 온 집에 복을 주시니"**라고 합니다.

하나님은 온 집이 성령으로 충만하시기를 원하십니다.

온 집이 복 받는 여러분의 가정이 되시기를 원합니다.

성도님들의 집과 섬기시는 교회에 성령의 임재가 충만하기를 바랍니다. 모두에게 성령을 주시는 근거가 있습니다. 하나님은 해를 악인과 선인에게 비춰십니다.

하나님은 비를 의로운 자와 불의한 자에게 모두 내리십니다. 하나님은 한 사람도 구원받지 못하는 자가 없게 되기를 원하십니다. 이것이 하나님의 뜻입니다. 그래서 모든 사람에게 성령이 임하기를 원하십니다.

무디를 부흥회에 초청할 때 많은 논란이 있었습니다.

어떤 이는 말합니다. "무디가 성령을 독점한 것입니까?"

그때 다른 이가 말했습니다.

"성령이 무디를 독점한 것 같애".

우리 모두가 성령에게 독점되는 삶을 살기를 바랍니다.

우리 모두 성령의 충만으로 세상의 혼란을 이기며 살아가는 성령의 사람들이 되시기를 바랍니다.

한계를 극복하는 믿음

수 일 후에 예수께서 다시 가버나움에 들어가시니 집에 계시다는 소문이 들린지라 많은 사람이 모여서 문 앞까지도 들어설 자리가 없게 되었는데 예수께서 그들에게 도를 말씀하시더니 사람들이 한 중풍병자를 네 사람에게 메워 가지고 예수께로 올새 무리들 때문에 예수께 데려갈 수 없으므로 그 계신 곳의 지붕을 뜯어 구멍을 내고 중풍병자가 누운 상을 달아 내리니 예수께서 그들의 믿음을 보시고 중풍병자에게 이르시되 작은 자야 네 죄 사함을 받았느니라 하시니 어떤 서기관들이 거기 앉아서 마음에 생각하기를 이 사람이 어찌 이렇게 말하는가 신성 모독이로다 오직 하나님 한 분 외에는 누가 능히 죄를 사하겠느냐 그들이 속으로 이렇게 생각하는 줄을 예수께서 곧 중심에 아시고 이르시되 어찌하여 이것을 마음에 생각하느냐 중풍병자에게 네 죄 사함을 받았느니라 하는 말과 일어나 네 상을 가지고 걸어가라 하는 말 중에서 어느 것이 쉽겠느냐 그러나 인자가 땅에서 죄를 사하는 권세가 있는 줄을 너희로 알게 하려 하노라 하시고 중풍병자에게 말씀하시되 내가 네게 이르노니 일어나 네 상을 가지고 집으로 가라 하시니 그가 일어나 곧 상을 가지고 모든 사람 앞에서 나가거늘 그들이 다 놀라 하나님께 영광을 돌리며 이르되 우리가 이런 일을 도무지 보지 못하였다 하더라 사람이 세상을 살아가다보면 누구나 인간의 한계를 뛰어넘는 어려운 일을 몇 번씩 당하게 됩니다.

마가복음 2장 1절로 12절을 통하여 하나님이 우리에게 주신 말씀을 보면 극도의 절망 가운데 있던 한 사람이 모든 불가능의 한계를 극복하고 승리한 이야기입니다.

이 사람은 중풍병자였습니다.

그런 병자가 자신과 친구들의 믿음으로 우리 예수님을 만나 깨끗이 치료 받고 일어나 침상을 들고 나가는 기적의 주인공이 되었습니다.

이처럼 한계를 극복하는 믿음이 여러분에게도 있기를 축원합니다. 그렇다면 한계를 극복하는 참된 믿음이란 어떤 것일까요?

그 참된 믿음이란 내 생각을 넘어서는 것입니다.

예수님은 공생애 사역을 시작하면서 고향땅 나사렛을 떠나 갈릴리 가버나움 해변으로 가셨습니다.

어느 날 보처럼 수님이 집에 계시는 그날 집 문 앞에는 수많은 사람들이 모여 있었습니다.

그들 중에는 병자들도 많았고 예수님의 가르침과 기적을 보고 들으려는 사람들이 왔습니다.

1절에 보니 "수일 후에 예수께서 다시 가버나움에 들어가시니 집에 계신 소문이 들린지라"

이 평범하고 짧은 구절 속에 제 눈에 버쩍 띄는 구절이 있습니다. **"소문이 들린지라"**입니다.

그런 소문이 별 관심이 없는 사람들도 있었을 터이나

그 소문에 예민하게 반응을 보인 사람들이 있었습니다.

오늘 본문의 주인공인 이름 모를 한 중풍병자였습니다.

그에게는 그게 단순한 소문이 아니고 복음이었습니다.

똑같은 소리를 들어도 흘러 지나가면 소문이지만 내 귀에 들어와 박히면 그것은 복음이 됩니다.

그 중풍병자는 자기 힘으로는 아무것도 할 수 없는 몸을 가졌고 그로 자기뿐만 아니라 가족 식구들까지 힘들게 했고 그 친구들도 안타깝게 했습니다.

아마도 이 중풍병자는 이 방법 저 방법 다 동원하여 치료해 보았을 것입니다.

이 약 저 약 다 먹어 보았을 것입니다. 그런데 예수라는 분은 그보다 더한 문둥병도 고치시고 어떤 병이든지 나오기만 하면 다 고친다는 소문이 들렸습니다.

내 능력, 내 경험, 그리고 당대의 의술로는 불가능하나 예수님이라는 분은 고칠 수 있을 것이라는 믿음, 이것이 그의 인생을 바꾸어 놓은 것입니다.

성도 여러분! 믿음은 우리의 한계를 뛰어 넘습니다.

참 신앙은 우리의 옛 생각, 내 경험과, 내지식의 울타리를 무너트려야 합니다.

그리고 내속의 고정관념을 깨야 합니다.

"다른 것은 다되어도 이것은 안 돼," 라는 고정 관념, 이것을 버려야만 그때부터 믿음이 시작되는 것입니다.

수천 년 동안 사람들은 태양이 지구를 돈다고 생각했습니다. 그러나

코페르니쿠스와 갈릴레이는 지구가 태양을 돈다는 것을 발견하고 그것을 주장했습니다.

그 당시 그들은 그 주장 때문에 많은 곤욕을 치렀습니다.

그러나 지금은 아무도 그 주장을 미친 소리로 받아들이지 않습니다. 그는 모든 사람이 생각하던 그 고정 관념을 깨고 연구했습니다.

이처럼 우리 성도들도 오랫동안 가져오던 고정관념을 깨야 합니다.

"내 경험으로, 내가 아는 지식으로는 불가능 하다."라고 검증된 사실일지라도

하나님의 진리와 맞지 않으면 그것을 접어야 합니다.

그것이 내 생각을 바꾸고 내 한계를 무너트리는 도구가 됩니다.

중풍병자는 예수님의 소문을 듣고 나는 나을 수 없다는 그 생각의 틀을 깼기에 한계를 극복할 수 있었습니다.

한계를 믿음으로 극복하는 모두가 되시기를 바랍니다.

참된 믿음

수 일 후에 예수께서 다시 가버나움에 들어가시니 집에 계시다는 소문이 들린지라 많은 사람이 모여서 문 앞까지도 들어설 자리가 없게 되었는데 예수께서 그들에게 도를 말씀하시더니 사람들이 한 중풍병자를 네 사람에게 메워 가지고 예수께로 올새 무리들 때문에 예수께 데려갈 수 없으므로 그 계신 곳의 지붕을 뜯어 구멍을 내고 중풍병자가 누운 상을 달아 내리니 예수께서 그들의 믿음을 보시고 중풍병자에게 이르시되 작은 자야 네 죄 사함을 받았느니라 하시니 어떤 서기관들이 거기 앉아서 마음에 생각하기를 이 사람이 어찌 이렇게 말하는가 신성 모독이로다 오직 하나님 한 분 외에는 누가 능히 죄를 사하겠느냐 그들이 속으로 이렇게 생각하는 줄을 예수께서 곧 중심에 아시고 이르시되 어찌하여 이것을 마음에 생각하느냐 중풍병자에게 네 죄 사함을 받았느니라 하는 말과 일어나 네 상을 가지고 걸어가라 하는 말 중에서 어느 것이 쉽겠느냐 그러나 인자가 땅에서 죄를 사하는 권세가 있는 줄을 너희로 알게 하려 하노라 하시고 중풍병자에게 말씀하시되 내가 네게 이르노니 일어나 네 상을 가지고 집으로 가라 하시니 그가 일어나 곧 상을 가지고 모든 사람 앞에서 나가거늘 그들이 다 놀라 하나님께 영광을 돌리며 이르되 우리가 이런 일을 도무지 보지 못하였다 하더라

참된 믿음은 나를 넘어서 하나님을 바라보는 것입니다.

마가복음 2장에 등장하는 중풍병자는 예수님의 소문을 들었습니다. 그러나 문제가 있었습니다. 그것은 예수님께 가고자 할지라도 혼자서는 도저히 갈 수 없는 능력의 한계가 있었습니다.

그런데 그에게는 믿음이 좋고 건강한 네 명의 친구가 있었습니다. 감사하게도 그 친구들은 중풍병을 가지고 있는 자기 친구가 예수님께 나가면 고침을 받을 수 있다는 믿음이 있었습니다.

마찬가지로 우리의 주변에도 믿음 좋은 분들을 두어야 합니다.

내가 내 믿음을 키우려면 믿음의 공동체 속에 나를 집어넣어야 합니다. 그게 바로 교회 공동체입니다.

내 시간과 마음을 교회 공동체 안에 집어넣으면 나도 모르는 사이 내 믿음이 자라는 것을 봅니다.

세상 공동체 속에 여러분을 집어넣으면 믿음 없는 사람들이 모여들게 되고 결국 무너지고 마는 것입니다. 그러기에 믿음 좋은 사람들이 모여 있는 공동체 속에 빨리 올라타야 합니다.

그럴 경우 하나님께서는 돕는 자를 만나게 하실 것입니다. 그래서 다윗에게는 요나단이 있었고, 바울에게는 누가와 바나바와 브리스길라와 아굴라 같은 사람이 있었습니다.

또한 참된 믿음은 막힌 길을 여는 것입니다.

중풍병자에게는 여전히 장벽. 바로 사람의 장애물이 있었습니다.

2절을 보세요. "많은 사람이 모여서 문 앞에라도 용신할 수 없게 되었는데 예수께서 저희에게 도를 말씀하시더니" 사람들이 너무 많아 예수님께 가까이 갈 수 없었습니다.

장애물 중에 가장 넘기 힘든 장애물은 사람 장애물입니다.

다름아닌 가장 가까운 사람이 막습니다.

내 친구라고 여긴 사람, 내 동지라고 여긴 사람이 길을 막을 때가 있습니다.

본문의 그 많은 사람들은 예수님의 소문을 듣고 모여든 병자들입니다. 서로 먼저 낫고자 모여들어 자리를 굳게 지키고 있었습니다.

그러니 늦게 도착한 환자로서 도저히 주님 앞에 갈 방법이 없었습니다. 그러나 믿음이란 무기는 그 모든 장벽을 넘어서게 합니다.

믿음이란 길이 막혔을 때 포기하는 것이 아닙니다.

길이 막혔으면 주님을 바라보며 위로 올라가면 되는 것입니다.

성경을 보세요. 다윗이 골리앗을 이기는데 꼭 칼이 필요한 것이 아니었습니다. 물매 돌로도 되는 것입니다. 혹은 이스라엘이 홍해를 건너는데 꼭 배가 있어야 되는 것은 아니었습니다. 지팡이 하나면 충분했습니다.

여리고 성을 무너뜨리는데 꼭 성을 부술 대포가 있어야 되는 것도 아니었습니다. 참된 믿음이었습니다. 길은 얼마든지 있습니다. 속히 내 방법을 고집하는 사고에서 벗어야 합니다.

이 중풍병자와 그 친구들은 믿음이라는 것을 가졌기에 없는 길을 만들었습니다.

예수님께서 그들의 믿음을 보시고

11절에 "내가 네게 이르노니 일어나 네 상을 가지고 집으로 가라"

문제를 해결해 주셨습니다.

세상은 사람을 평가할 때 다면평가를 하지만, 하나님은 다른 것은 다 부족하고 형편없어도 오직 하나를 보십니다. 그것은 그 영혼 속의 믿음입니다.

지금 여러분은 어떤 상황에 계십니까?
중풍병자처럼 이러지도 저러지도 못하는 상황입니까?
예수님께 대한 믿음이 여러분의 환경과 한계를 바꾸어 놓을 것을 믿으시기를 바랍니다. 그 믿음으로 생각을 바꾸시고 그 믿음으로 나를 넘어 하나님을 바라보시기 바랍니다. 그리고 그 믿음으로 길을 만들어 주님께 나가면 하나님은 우리의 한계를 넘어 서게 만들어 줍니다.
할렐루야!

CBS라디오 방송설교모음집

쉼터로의 초대

정 기 환 지음

초판 1쇄 인쇄　2011년 7월 20일

초판 1쇄 발행　2011년 7월 25일

　발행처　도서출판 세줄(등록번호 2-4000)

　　　　　서울시 중구 인현동 1가 111-6

　　　　　☎ 02)2265-3749

총　판　선교횃불 ☎ 02)2203-2739　FAX. 2203-2738

저자 연락처　keyone209@paran.com / H.P 010)2956-9191

값 12,000 원

ISBN 978-89-92211-47-5　03230